DE L'AUTORITÉ

DE

LA CHOSE JUGÉE

EN DROIT ROMAIN ET EN DROIT FRANÇAIS

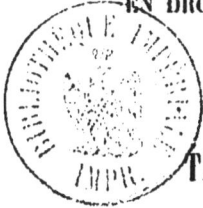

THÈSE POUR LE DOCTORAT

PRÉSENTÉE ET SOUTENUE

LE SAMEDI 9 JANVIER 1869, A DEUX HEURES DU SOIR

DANS LA SALLE DES ACTES PUBLICS DE LA FACULTÉ

PAR

ERNEST MARTINEAU

Avocat à la Cour impériale.

POITIERS

IMPRIMERIE DE A. DUPRÉ

RUE IMPÉRIALE

1869

DE L'AUTORITÉ

DE

LA CHOSE JUGÉE

EN DROIT ROMAIN ET EN DROIT FRANÇAIS

THÈSE POUR LE DOCTORAT

PRÉSENTÉE ET SOUTENUE

LE SAMEDI 9 JANVIER 1869, A DEUX HEURES DU SOIR

DANS LA SALLE DES ACTES PUBLICS DE LA FACULTÉ

PAR

ERNEST MARTINEAU

Avocat à la Cour impériale.

POITIERS

IMPRIMERIE DE A. DUPRE

RUE IMPÉRIALE

1869

COMMISSION.

Président,	M. BOURBEAU, O. ✱.	
Suffragants :	M. FEY, ✱,	Professeurs.
	M. RAGON,	
	M. BAUDRY LACANTINERIE,	
	M. DELOYNES,	Agrégé.

DROIT ROMAIN.

DE L'AUTORITÉ DE LA CHOSE JUGÉE.

(DE REI JUDICATÆ EXCEPTIONE.)

Dig., lib. XLIV, tit. II.

INTRODUCTION.

« *Singulis controversiis singulas actiones, unumque judicati finem sufficere, probabili ratione placuit; ne aliter modus litium multiplicatus summam atque inexplicabilem faciat difficultatem, maxime si diversa pronuntiarentur : parere ergo exceptionem rei judicatæ frequens est* (1). » C'est en ces termes que le jurisconsulte Paul indique les motifs principaux qui ont donné naissance à l'institution de l'autorité de la chose jugée, de la présomption de vérité des décisions judiciaires. Il fallait mettre un terme aux procès, sous peine de laisser dans l'incertitude les droits même les plus précieux, et de compromettre la sécurité sociale. Cepen-

(1) Dig., l. 6, *De exceptione rei judicatæ*.

dant cette institution semble injuste au premier abord. On serait tenté de croire qu'il serait bien plus naturel, bien plus conforme à la raison, de laisser soumettre à un examen nouveau une décision judiciaire qu'on attaquerait comme fausse et erronée, et d'en faire apprécier la justice par un nouveau tribunal. Le juge, en effet, si instruit qu'il puisse être, n'en est pas moins homme, et comme tel sujet à l'erreur, et la conscience publique est vivement blessée quand un mauvais jugement fait triompher l'injustice, et que la partie lésée est obligée de s'incliner devant l'autorité d'une décision dont il lui est légalement impossible d'attaquer la fausseté. Mais une pareille critique serait souverainement téméraire, si l'on songe qu'on évite ainsi un mal bien autrement dangereux. On se trouve, en effet, en cette matière, inévitablement placé entre deux écueils : d'une part, l'incertitude des droits; de l'autre, la possibilité de l'erreur. Or, dans tous les systèmes, l'erreur du juge est inévitable ; la justice véritable n'est qu'un idéal auquel il n'est pas donné aux hommes d'atteindre : il fallait donc se résigner à cet inconvénient.

L'incertitude des droits serait un mal bien autrement dangereux. Les fondements de la société seraient ébranlés si l'on pouvait remettre sans cesse en question la justice des décisions de l'autorité judiciaire. La première condition, en politique, pour constituer une société, c'est de l'asseoir sur des bases fixes et immuables; or, en écartant la fiction de vérité des jugements, les intérêts seraient perpétuellement menacés, le corps social porterait en lui un germe fatal de dissolution et de ruine. Ces vérités primordiales n'avaient pas échappé aux législateurs romains; aussi avaient-ils abrité les jugements sous l'autorité tutélaire de la présomption de vérité de la chose jugée. Du reste, cette matière porte, comme toutes les autres parties de leur législation, l'empreinte du génie particulier de leur droit. C'est par un mécanisme ingénieux de la procédure formulaire qu'ils réalisaient dans la pratique judiciaire l'application de l'autorité de la chose jugée. Pour repousser l'examen d'un litige identique à un autre litige antérieur déjà jugé, on invoquait devant le préteur, pour la faire insérer dans la formule, une exception désignée sous le nom d'exception *Rei judicatæ*, et alors le juge, par suite de leur organisation judiciaire, devait rejeter l'action du demandeur. C'est l'étude de cette exception qui fera l'objet de la présente thèse; et les sources principales auxquelles nous aurons recours forment au Digeste le titre *De exceptione rei judicatæ*.

Nous diviserons notre travail en deux parties principales : dans la première, nous examinerons les conditions de l'autorité de la chose jugée; puis, dans la seconde et dernière partie, les effets de la chose jugée pour l'avenir, c'est-à-dire l'influence d'une décision judiciaire sur un litige postérieur. Mais, pour rendre plus facile l'intelligence des principes que nous nous proposons d'étudier, nous examinerons d'abord les développements historiques de cette institution et les phases différentes qu'elle a parcourues aux diverses époques de la procédure romaine. Cette étude rétrospective nous montrera par quelles formes juridiques les Romains avaient accommodé l'autorité de la chose jugée aux besoins véritables de la vie réelle.

AUTORITÉ DE LA CHOSE JUGÉE (*historique*).

Nous allons exposer en premier lieu les situations diverses qui peuvent se produire à la suite d'un jugement, afin de voir dans quels cas il est nécessaire de recourir à l'exception *rei judicatæ*. Dans tout procès, nous trouvons nécessairement un rapport de droit à l'occasion duquel s'élèvent les prétentions contradictoires des parties. Le juge a pour mission de décider entre elles et de terminer le différend par une sentence; cette sentence peut contenir la condamnation ou l'absolution du défendeur: dans l'un et l'autre cas, les effets du jugement doivent être garantis en faveur de la partie qui a obtenu gain de cause. Comment arriver à ce résultat? Dans le premier cas, la condamnation du défendeur, les moyens d'exécution, suffisent, en principe, à assurer au demandeur les avantages qui résultent de la sentence du juge; mais si nous nous plaçons dans la seconde hypothèse, quand le défendeur a été renvoyé des fins de la demande, la solution ne saurait être la même. Dans ce dernier cas, il ne peut être question d'une exécution active du jugement, puisque ce même jugement dénie précisément tout droit au demandeur. Il fallait donc avoir recours à un autre moyen pour en assurer l'efficacité au profit du défendeur qui a triomphé dans le litige. Ce moyen a varié avec les divers systèmes qui se sont succédé dans l'histoire de la procédure romaine.

A l'origine, sous l'empire des actions de la loi, on avait érigé en règle générale le principe de la consommation de l'action, c'est-à-dire que l'action une fois introduite en justice et rejetée pour une cause quelconque, même pour un vice de forme, était éteinte *ipso jure* lorsqu'elle était parvenue à ce moment de la procédure *in jure* désigné sous le nom de *litis contestatio*, et, par suite, elle ne pouvait plus évidemment être renouvelée. Ce résultat est indiqué par Gaïus (1) dans des termes très-précis : « *Alia causa fuit olim actionum...; nam qua de re actum semel erat, de ea postea ipso jure agi non poterat.* » De là était venue la maxime : *Bis de eadem re agi non potest.*

Ce principe de la consommation de l'action, dont nous aurons à signaler les vices nombreux, resta debout sur les ruines des actions de la loi, et la procédure formulaire en recueillit l'héritage, avec certaines modifications toutefois dans les formes de procédure. A cet égard, il faut faire une distinction entre les *judicia legitima* et les *judicia quæ imperio continentur*. Dans les *judicia legitima*, quand il s'agissait d'actions personnelles dont l'*intentio* était *in jus concepta*, il se produisait, à ce moment de la procédure *in jure* désigné sous le nom de *litis contestatio*, une novation qui anéantissait l'obligation primitive et empêchait ainsi, *ipso jure*, le renouvellement de l'action. Le résultat n'était plus le même dans les actions *in factum* et les actions réelles, ainsi que dans les *judicia imperio continentia;* et les motifs de cette différence sont faciles à

(1) Gaïus, *Comm.*, IV, § 108.

comprendre. En effet, dans les actions personnelles, comme il s'agit d'une obligation civile, le nouveau droit engendré par la litiscontestation est aussi une obligation civile qui peut avoir la vertu de nover la première, à laquelle elle se substitue; mais, dans une action réelle, le droit primitif, qui est un droit réel, ne peut être remplacé par une obligation.

De même, dans une action *in factum*, l'*intentio* n'étant pas *concepta in jus*, mais fondée essentiellement sur l'existence d'un fait déterminé, l'obligation engendrée par la litiscontestation ne peut évidemment porter aucune atteinte à ce fait; enfin, dans le cas de *judicium imperio continens*, l'action, ne recevant du pouvoir du préteur qu'une autorité temporaire, ne peut avoir la puissance d'éteindre directement un droit perpétuel. Dans ces derniers cas, le droit primitif subsiste, même après la décision du juge; par conséquent, l'action n'étant pas éteinte *ipso jure*, le demandeur, malgré un premier échec judiciaire, pourrait l'introduire de nouveau en justice. Un remède prétorien fut apporté à cette situation nouvelle. Pour corriger les iniquités du droit civil ou suppléer à ses lacunes, le préteur avait introduit dans le système formulaire un expédient désigné sous le nom d'*exception*, dont le rôle consistait à exclure dans certains cas l'action du demandeur : c'était une espèce de réaction opposée par le défendeur à l'action, et qui rendait la sentence conditionnelle. Cet artifice de procédure fut employé pour remédier au nouvel état de choses. Si un procès intenté en justice portait sur un droit identique à un autre droit qui avait déjà fait l'objet d'un jugement antérieur, le défendeur faisait insérer dans la formule, à la suite de l'*intentio*, une exception, l'exception *rei judicatæ*, fondée sur l'existence du jugement précédent, et alors, sur le vu de cette exception, le juge ne devait condamner le défendeur qu'autant qu'il en reconnaissait la fausseté, car cette exception était une condition négative mise à la condamnation: *Si ea res judicata non sit.*

Tel est le mécanisme de procédure qui nous est révélé par Gaïus dans ses *Commentaires*. Il est essentiel de bien se rendre compte de l'étendue et de la portée de cette exception *rei judicatæ* à cette époque primitive de la procédure. A cet effet, il importe de se rappeler qu'elle a été imaginée par le préteur pour réaliser, dans la pratique judiciaire, l'application de l'antique règle de la consommation de l'action. Sa fonction est donc purement négative; elle n'établit, elle ne constitue aucun droit; son but unique est de protéger un jugement, sans s'occuper de son contenu: elle se borne purement et simplement à garantir l'efficacité de la maxime: *Bis de eadem re agi non potest.*

On comprend sans peine que cette institution, qui devait fonder l'autorité de la chose jugée, présentait des vices nombreux et était loin de répondre aux besoins véritables. Ainsi, l'ancien défendeur à une action en revendication qui avait perdu son procès et s'était vu contraint de restituer la possession de l'immeuble litigieux au demandeur, pouvait intenter une action nouvelle tendant à remettre en question la propriété du même immeuble, sans qu'on pût lui opposer l'exception *rei judicatæ*, puisqu'il n'y avait eu antérieurement de sa part aucune action exercée, et par suite consommée. En outre, avec cette institution, on arrivait à des conséquences profondément iniques et fort rigoureuses : par exemple, si le défendeur opposait à une demande légitime au fond une exception dilatoire qui était reconnue fondée par le juge, l'action du demandeur était rejetée, et si, plus tard, ce dernier voulait renouveler le procès, on lui répondait par l'exception *rei judicatæ;* de sorte que, dans ce cas, une cause secondaire et tout accidentelle entraînait l'extinction d'un droit légitime. C'étaient là des inconvénients trop graves pour qu'on ne sentît pas le besoin d'y porter remède ; pour cela, il ne fallait rien moins qu'opérer une transformation radicale dans la nature de l'antique exception de chose jugée : c'étaient les éléments essentiels du jugement, la question même résolue par le juge, qu'il fallait protéger contre toute attaque postérieure ; en d'autres termes, il fallait prendre pour base, pour fondement véritable de l'institution nouvelle, le contenu même du jugement, son dispositif.

Dans un pareil état de choses, le juge, sur l'insertion de l'exception *rei judicatæ*, devait examiner non pas si la nouvelle action était identiquement la même que la première, mais si le rapport de droit litigieux était le même que dans le procès antérieur.

Cette importante modification, dont nous venons de préciser ainsi l'étendue et les effets, était réalisée au temps des grands jurisconsultes de l'époque classique, et dès lors l'autorité de la chose jugée se trouvait assise sur ses fondements véritables ; toutefois nous ne trouvons dans les textes du droit romain aucune loi, aucune constitution, aucun édit prétorien qui ait renversé l'antique institution pour édifier la nouvelle sur ses ruines. C'était au préteur qu'était confiée la tâche de discerner dans quels cas l'exception devait être insérée dans la formule ; sur ce point, il n'avait qu'à consulter les véritables besoins de la pratique. Pour désigner cette forme nouvelle de l'exception *rei judicatæ*, les jurisconsultes de l'école allemande l'ont appelée exception dans sa fonction positive, par opposition à l'ancienne qui forme la fonction négative. Ce serait une erreur profonde que de croire que la fonction primitive, la fonction purement négative de l'exception, disparut à partir de l'établissement de la fonction nouvelle : elles subsistèrent en présence l'une de l'autre pendant longtemps, et cet état de choses était tout à fait conforme aux développements et à la marche historique des institutions romaines. En effet, on ne croyait pas devoir abolir un principe qui avait pour lui l'épreuve du temps, et dont la forme antique était vénérée malgré ses imperfections, dont on ne se dissimulait pas la gravité ; dans ces circonstances, le préteur cherchait plutôt à obvier aux inconvénients réels qu'il présentait par des artifices de procédure, quelquefois, par exemple, par une *replicatio rei judicatæ*.

Ce dernier expédient est à noter comme un témoignage direct de ce fait, que les jurisconsultes classiques, en cas de conflit, préféraient le nouveau principe à l'ancien, et reconnaissaient ainsi sa supériorité. Plus tard, l'ancienne règle de la consommation de l'action tomba complétement en désuétude ; ce résultat fut dû principalement à l'abolition de l'*ordo judiciorum*. D'abord, il ne pouvait être question d'une extinction *ipso jure* de l'action sous le système des *judicia extraordinaria* ; on ne trouvait plus à cette époque de *judicia legitima*, ni de formules avec *juris civilis intentio*.

Dans le droit de Justinien, il n'est plus question de tout cela : la fonction positive de l'exception subsiste désormais toute seule. Telle est la filiation progressive de cette institution de l'exception *rei judicatæ;* on y reconnaît l'empreinte d'un peuple qui tend à substituer des formes plus spiritualisées au matérialisme des règles antiques.

Le principe nouveau, qui forme la base principale de notre étude, et qui est réalisé par l'exception dans sa fonction positive, peut se formuler ainsi : les effets de tout jugement définitif doivent être garantis par une sanction efficace pour l'avenir.

Ces notions préliminaires exposées, entrons maintenant en matière et attachons-nous d'abord à étudier les conditions auxquelles est subordonnée l'autorité de la chose jugée.

PREMIÈRE PARTIE.

CHAPITRE I.

CONDITIONS DE L'AUTORITÉ DE LA CHOSE JUGÉE.

Conditions de forme.

La mission du juge est de terminer les procès par une sentence : c'est là la condition première, le point de départ nécessaire de toute cette étude. Pour qu'il puisse être question d'autorité de la chose jugée, il faut évidemment qu'il y ait une chose jugée, *res judicata*, un jugement émané d'un pouvoir légitime. Mais où réside ce pouvoir, cette autorité chargée de terminer les procès par un jugement ? En nous plaçant à l'époque du système formulaire, nous trouvons à cet égard, dans l'organisation de la justice romaine, ce fait remarquable qu'elle est divisée en deux parties, en deux phases bien distinctes, le *jus* et le *judicium*.

Dans le développement de toute instance juridique, nous trouvons deux périodes : la première qui se déroule devant le magistrat, ordinairement le préteur, *in jure;* la seconde, devant le juge institué par lui *in judicio*. C'est là ce qui constitue l'*ordo judiciorum*. Dans certains cas exceptionnels, le magistrat termine lui-même le différend sans renvoi devant un *judex:*

c'est la *cognitio extra ordinem*. Tel est le principe saillant du mécanisme judiciaire à cette époque; c'est là qu'il nous faut chercher l'autorité investie du droit de juger.

D'abord, sans contredit, cette mission appartenait au *judex*, et sous ce nom nous comprenons non-seulement le *judex* proprement dit, mais aussi les *arbitri* et les *recuperatores*, ces juges provinciaux; l'autorité de la chose jugée protégeait les décisions rendues par ces divers juges. Il faut donner la même solution, en ce qui concerne le magistrat, lorsqu'il terminait lui-même le différend *in jure*, sans organisation de *judicium*. Toutefois cette solution a été contestée : on a cherché à révoquer en doute l'autorité des décisions rendues par le préteur jugeant extraordinairement; mais des arguments nombreux réfutent cette idée. En effet, nous avons des textes formels à l'appui de notre opinion. Quand les faits n'étaient pas contestés, dans le cas, par exemple, de *confessio in jure*, le magistrat prononçait lui-même, et sa décision formait la base d'une exception *rei judicatæ*. A l'appui de cette assertion, nous citerons un texte d'Ulpien (1) : « *Qui neque jurisdictioni præest...*, *neque ab eo qui jus dandorum judicum habet, datus est...*, *judex esse non potuit.* »

Ainsi, le magistrat a donc le même pouvoir que le *judex* pour prononcer le jugement d'un procès. En outre, un autre texte de Paul (2) est conçu en ces

(1) L. 81, D., *De judiciis.*
(2) L. 5, *De judiciis.*

termes : « *Res judicatæ videntur ab his qui imperium potestatemque habent, vel qui ex auctoritate eorum inter partes dantur.* »

On ne peut rien trouver de plus formel pour prouver que les décisions rendues par les magistrats, *qui imperium potestatemque habent*, avaient, de même que celles rendues par les juges institués par eux, le caractère de *res judicatæ*.

Dans un autre cas de jugement extraordinaire, en matière de fidéicommis, nous avons un texte où la décision du préteur est formellement désignée sous le nom de *res judicatæ* (1). Ainsi, il est hors de doute que les décisions du préteur étaient également investies de l'autorité de la chose jugée. Après l'abolition de l'*ordo judiciorum*, ce qui formait l'exception devint la règle générale, et l'exception s'appliquait toujours dans le cas de jugements rendus par le magistrat lui-même, puisqu'il n'y avait plus lieu à renvoi devant un *judex*. Mais il faut bien remarquer que tous les jugements n'étaient pas définitivement investis de l'autorité de la chose jugée.

Cette question se rattache à l'organisation des instances, des degrés divers de juridiction. Tant que dura la république romaine, jusqu'à l'époque impériale, il ne fut jamais question, en droit romain, de tribunaux inférieurs ou supérieurs : les magistratures, quoique diverses, n'étaient nullement subordonnées les unes aux autres ; les préteurs, quoique de rang inférieur aux consuls, exerçaient une juridiction tout

(1) L. 65, § 2, *Ad senatusconsultum Trebell.*

à fait indépendante, et aucun texte relatif à cette époque ne fournit de preuve qu'il fût permis d'en appeler de la sentence du juge au magistrat qui l'avait nommé. Ainsi, durant cette période, il n'y a qu'une seule instance; mais, dès le commencement de l'empire, se produit une innovation remarquable : les instances, les degrés de juridiction, s'organisent sans transition, sans gradation aucune; la hiérarchie judiciaire s'établit tout d'une pièce pour ainsi dire, et cette innovation s'alliait à merveille aux institutions nouvelles. Sous ce régime, en effet, le despotisme impérial, absorbant tout dans la concentration des pouvoirs à son profit, ne devait pas laisser en dehors de sa dépendance l'autorité judiciaire; aussi l'empereur était-il considéré comme le magistrat suprême de l'Etat tout entier. Dans l'impossibilité de suffire par lui seul à cette tâche immense, il déléguait sa juridiction, à Rome, au préfet de la ville; dans les provinces, à un personnage consulaire, ainsi que nous l'apprend Suétone. Cette hiérarchie judiciaire était ainsi constituée : on appelait du *judex* au préteur qui l'avait institué dans ses fonctions; du préteur au préfet de la ville, et enfin de ce dernier à l'empereur.

Un caractère notable de cette organisation judiciaire, c'est que la procédure d'appel était toujours extraordinaire; elle ne donnait jamais lieu à renvoi devant un *judex*. Maintenant, comment expliquer cette concentration de l'autorité judiciaire entre les mains de l'empereur, si l'on songe qu'un des caractères saillants de la politique d'Auguste dans l'établissement des nouvelles institutions avait été de les calquer sur les institutions républicaines existantes ? C'est dans les anciennes règles de l'*appellatio* et de la *provocatio* qu'il faut chercher l'origine de ces attributions impériales. L'étude approfondie de ces règles antiques nous entraînerait trop loin ; nous nous contenterons d'en résumer les effets, qui étaient différents dans l'*appellatio* et la *provocatio*.

L'*appellatio* était une forme usitée dans les procès civils ; la *provocatio*, dans la procédure criminelle. La première avait un effet purement négatif ; elle se bornait à arrêter l'exécution d'une sentence ; elle se portait surtout devant les tribuns, qui avaient le droit d'arrêter l'effet de la sentence d'un juge quelconque. Mais cette *appellatio* ne constituait pas réellement une instance nouvelle, c'était plutôt une espèce de tribunal de cassation. La *provocatio*, au contraire, formait une instance nouvelle, un second degré de juridiction au criminel. Malgré cela, nous devons dire que le système nouveau était rattaché plus spécialement à l'ancienne forme de l'*appellatio*. Ce qui nous autorise à le croire, c'est que la *provocatio* était, comme nous venons de le dire, réservée aux affaires criminelles ; en outre, elle se trouvait dans les pouvoirs du peuple, et un point constant de la politique des premiers empereurs fut d'éviter toute apparence d'usurpation sur l'autorité du peuple romain ; leur tendance, au contraire, était de conserver en apparence les institutions républicaines, qui avaient pour elles la vénération des citoyens. C'est dans la *tribunitia potestas* qui fut conférée à Auguste que les empereurs puisèrent leur droit d'intercession. Il est vrai que cette *intercessio* était une arme purement défensive qui ne pouvait que protéger le défendeur, sans constituer au profit du demandeur aucun droit positif; mais, avec le temps, on sentit le besoin d'une institution plus étendue, pour assurer aux citoyens les garanties d'une justice meilleure.

Ce résultat était facile à obtenir sans aucune nécessité de changement dans les formes; aussi la modification s'accomplit successivement, et l'on emprunta à la *provocatio* son caractère d'instance nouvelle, susceptible de mettre à néant un jugement antérieur, par suite de l'examen à nouveau du même litige. Ainsi, dans le dernier état du droit, nous trouvons organisée l'institution de l'appel, comme une instance nouvelle; dès lors, l'autorité de la chose jugée n'appartient plus à tous les jugements. Ceux qui étaient susceptibles d'une révision nouvelle ne pouvaient évidemment avoir qu'une autorité provisoire, et ce n'est que la sentence définitive et immuable que nous pouvons désigner sous le nom de *res judicata*.

Voici les cas dans lesquels il y a *res judicata* : 1° quand toutes les instances ont été épuisées, après le jugement suprême de l'empereur; 2° quand le délai d'appel est expiré ou que l'appel n'existe pas. Dans ces hypothèses, il est vrai de dire qu'il y a *res judicata*, et l'exception *rei judicatæ* protége la partie qui a obtenu gain de cause.

CHAPITRE II.

ÉLÉMENTS CONSTITUTIFS DU JUGEMENT.

§ I.

Diverses espèces de jugements.

Ces notions de procédure expliquées, il nous faut maintenant rechercher les véritables fondements de l'exception *rei judicatæ*. Cette institution a été établie dans le but de garantir à tout jugement définitif ou provisoire ses effets dans l'avenir : il faut donc connaître les éléments véritables du jugement que doit protéger l'exception de chose jugée, dont elle doit assurer l'autorité. A cet égard, il nous faut, en premier lieu, examiner les différentes sortes de jugements que nous trouvons mentionnés dans les textes, et les éléments que renferme leur contenu. Le principe fondamental en cette matière, c'est qu'il ne peut y avoir et qu'il n'y a effectivement que deux espèces de jugements : 1° ceux qui contiennent la condamnation du défendeur ; 2° ceux qui contiennent son absolution. Cette règle est fondée sur deux lois romaines (loi 1re, D., *De re judicata* ; loi 3, C, *De sententiis*), et elle ne comporte aucune exception. Il est vrai qu'on rencontre aussi deux autres catégories de jugements : 1° les jugements mixtes ; 2° ceux qui semblent renfermer la condamnation du demandeur ; mais il nous sera facile de montrer que ces deux dernières catégories rentrent dans la division principale que nous venons d'établir.

Jugements mixtes, contenant en partie la condamnation, en partie l'absolution du défendeur.—Ces sortes de jugements sont souvent cités dans les sources ; mais, en les analysant avec soin, on voit qu'ils contiennent en réalité deux parties bien distinctes, dont l'une renferme la condamnation, l'autre l'absolution du défendeur. Si, par exemple, dans une demande de *cent* le juge accorde *soixante*, et renvoie pour le reste le défendeur des fins de la poursuite, il est facile de dégager d'un jugement pareil les deux parties que nous venons d'y signaler. Nous devons toutefois, en nous plaçant à l'époque de la procédure formulaire, dans les actions avec *certa intentio*, signaler ce fait remarquable, mais qui n'est qu'une conséquence logique de la rédaction de la formule et des règles de cette procédure, que le juge était renfermé dans l'alternative d'admettre ou de rejeter la demande tout entière, même quand elle était fondée en partie.

Dans le dernier état du droit, ces singularités avaient entièrement disparu, et le pouvoir du juge était constitué avec la même étendue que dans notre droit moderne. Ainsi, à l'époque du droit de Justinien, le juge, dans les limites de la demande, a latitude entière, soit qu'il s'agisse d'obligations personnelles, soit que la demande porte sur un droit réel, par exemple la revendication d'un immeuble. Nous pouvons dire, en un mot, que tout jugement peut être considéré comme mixte, en ce sens qu'il dénie tacitement tout droit au demandeur au delà de ce qui lui est accordé ; mais il n'y a jamais lieu à faire rentrer les jugements mixtes dans une troisième catégorie.

Nous nous occuperons de la condamnation apparente du demandeur dans une partie ultérieure de cette thèse. Quant à présent, nous allons étudier les deux espèces de jugements que nous avons indiquées comme les seules possibles : 1° la condamnation, 2° l'absolution du défendeur.

Première hypothèse : *condamnation du défendeur.* — Il importe, en cette matière, de distinguer avec soin les actions personnelles des actions réelles. Dans le premier cas, quand il s'agit de questions d'obligations, de *dare, facere oportere*, la condamnation se rattache nécessairement à un fait positif ou à une abstention imposée au défendeur dans les limites de la demande.

Dans les actions réelles, la question de droit à résoudre se rapporte à la propriété ou à ses divers démembrements; dans ce cas, la condamnation contient directement et en premier lieu la reconnaissance du droit du demandeur, et comme conséquence la nécessité d'un acte positif ou d'une abstention imposée au défendeur. Ce droit réel ainsi reconnu dans la personne du demandeur est absolu et exclusif de sa nature, et dès lors ne peut appartenir qu'à l'un ou à l'autre des plaideurs, quelquefois à aucun d'eux : la condamnation dénie donc nécessairement ce droit au défendeur. Cette conséquence nécessaire, et qui résulte de la nature même des choses, est ordinairement sous-entendue, et le jugement ne l'exprime pas.

Nous avons à signaler, dans l'histoire de la procédure

romaine, une particularité remarquable, qui se rattache à la situation que nous étudions. Un principe fondamental du système formulaire était que toutes les condamnations étaient pécuniaires, aboutissaient à une prestation en argent ; ainsi, dans une action réelle, le défendeur ne pouvait être condamné qu'au payement d'une somme déterminée. Il semble donc résulter de là que la condamnation n'impliquait la reconnaissance d'aucun droit au profit du demandeur. Du reste, hâtons-nous de dire que, sous le régime primitif des actions de la loi, ainsi que dans la procédure extraordinaire, il en était autrement, et la condamnation atteignait directement la chose même qui faisait l'objet de la demande.

Ainsi, ce n'est qu'au temps de la procédure par formules qu'existait le principe que nous venons d'établir. A cette époque, la revendication pouvait s'exercer sous trois formes diverses : une *legis actio* devant le tribunal des centumvirs, une *sponsio*, et enfin l'*actio arbitraria*, en d'autres termes la *petitoria formula*, qui subsista seule après que les deux premières furent peu à peu tombées en désuétude. Dans les deux premières formes de procédure, le jugement contenait la reconnaissance du droit réel du demandeur ; dans la *legis actio*, en effet, on avait conservé les règles des antiques actions de la loi, et, dans la *sponsio*, le débat portait précisément sur l'existence du droit litigieux en la personne du demandeur. Il n'y a donc que pour le cas de la *petitoria formula* que des doutes pourraient s'élever, sur la reconnaissance du droit réel au profit du demandeur, dans le jugement qui condamne le défendeur à payer une somme d'argent; et c'est ce point qui va maintenant fixer notre attention.

A cet égard, des textes nombreux établissent cette double règle : d'une part, que la condamnation porte sur une prestation en argent et non sur la restitution de l'objet litigieux; d'autre part, que le jugement garantit au demandeur la reconnaissance de son droit. Comment concilier ces deux règles, contradictoires au premier abord? C'est ce que va nous expliquer le mécanisme de la procédure.

Dans une action de ce genre, quand le juge admettait la réclamation du demandeur, il faisait préalablement au défendeur sommation de restituer la chose litigieuse. Que si à ce *jussus* du juge le défendeur refusait d'obéir, alors il était condamné à payer une somme d'argent. Ce *jussus* ou *arbitratus* était précédé d'une déclaration qui reconnaissait expressément l'existence du droit réel au profit du demandeur. L'expression technique employée dans les textes pour désigner cette déclaration est la *pronuntiatio*. C'est cette *pronuntiatio* du juge qui forme dans les actions réelles la base de l'exception *rei judicatæ*, le fondement véritable de l'autorité de la chose jugée, et ce n'était pas là une institution arbitraire, mais essentielle dans la procédure romaine, destinée qu'elle était à constater et à protéger le droit du demandeur. Ainsi, même dans cette dernière hypothèse d'une *petitoria formula*, le mécanisme ingénieux de la procédure assurait au demandeur pour l'avenir les effets du jugement à son profit.

Deuxième cas : *absolution du défendeur*. — Arrivons maintenant à notre seconde et dernière hypothèse, l'absolution du défendeur. Si le juge n'était pas convaincu de la légitimité des prétentions du demandeur, il renvoyait le défendeur des fins de la demande. Ce résultat est de sa nature purement négatif; il n'implique la reconnaissance d'aucun droit en la personne du défendeur. Cette restriction s'explique, au reste, par la nature même du litige. Le rôle du défendeur est entièrement passif, du moins dans la plupart des instances. La seule alternative offerte au juge est d'admettre ou de rejeter la réclamation du demandeur : c'est là sa mission unique; et il lui est interdit, sous peine de forfaiture, de faire aucun acte qui puisse porter préjudice au demandeur.

Dans la pratique formulaire, la rédaction même de la formule : *Si paret...*, *condemna*; *si non paret...*, *absolve*, précise parfaitement la chose, et montre la différence des deux cas. Le *condemna* indique l'obligation imposée au défendeur; l'expression *absolve*, la négation de toute intervention.

Dans les actions personnelles, la règle ainsi posée est d'une application très-simple et très-facile : le demandeur conclut à une obligation, le juge décide qu'elle n'existe pas. Mais il n'en est plus de même quand il s'agit d'actions réelles. Dans ce cas, en effet, le litige porte sur un droit absolu et exclusif de sa nature, et dont l'existence en la personne de l'une des parties dénie implicitement toute espèce de droit sur la chose à la partie adverse. Si, par exemple, sur la revendication d'un immeuble, le possesseur répond en opposant son droit de propriété sur la chose et parvient à triompher, la prétention du demandeur est évidemment réduite à néant. On serait tenté de penser alors que le juge doit reconnaître ce droit de propriété au défendeur, et ainsi condamner le demandeur qui a succombé dans l'instance; mais ce résultat est impossible, et le juge, même dans ce cas, se borne purement et simplement à renvoyer le défendeur des fins de la demande.

La preuve de ce résultat se tire de la rédaction même de la formule. Les termes de l'*intentio* : « *Si paret..., condemna; si non paret..., absolve,* » n'admettent évidemment qu'une seule alternative : condamner le défendeur ou l'absoudre; toute condamnation qui atteindrait le demandeur serait un excès de pouvoir de la part du juge. On a essayé de soutenir cependant que ce principe ainsi posé comportait des exceptions, et, à l'appui de cette assertion, on a cité le cas d'une *duplex actio* et celui d'une demande reconventionnelle; mais un examen approfondi de la matière nous montrera la fausseté de cette doctrine.

Nous formulons en ces termes le principe qui forme le point de départ de toute cette démonstration : le juge est sans pouvoirs pour condamner le demandeur, et cette condamnation est impossible; il n'y a aucune exception à cette règle. A cela, on oppose la *duplex actio* et le cas d'une demande reconventionnelle. Examinons donc ces deux points.

§ 1. *Duplex actio.* — Dans cette catégorie, il faut ranger les actions en partage, en fixation de limites, et les deux interdits *uti possidetis* et *utrubi*. Dans ces actions, le rôle des parties était double, et cette double qualité ne dérivait pas d'un caprice purement arbitraire du législateur, mais de la réalité des choses et de la nature même du litige. Les deux interdits s'adressaient également aux deux parties ; les actions en partage et en fixation de limites admettaient aussi égalité de position entre les plaideurs. Dès lors, si le demandeur originaire était condamné, c'était en considération du rôle de défendeur qu'il remplissait dans l'instance, concurremment avec celui de demandeur : il n'y a donc pas là, en réalité, d'exception à notre principe. Arrivons maintenant à l'hypothèse d'une demande reconventionnelle.

§ 2. *Actions reconventionnelles.* — On désigne sous ce nom les actions dans lesquelles le défendeur oppose à la réclamation du demandeur une prétention contraire, qu'il porte devant le même juge, pourvu toutefois qu'elle ait un lien, une certaine connexité avec la demande originaire. Ces actions existaient même au temps de la procédure formulaire ; seulement, pour qu'il fût possible de réunir ainsi deux procès en un seul, d'en faire un *simultaneus processus*, il fallait que la demande reconventionnelle eût pour objet une prestation basée sur le même contrat, ce qui n'était alors possible que dans les *bonæ fidei actiones*, dans le cas de contrats consensuels. Pour toutes les autres actions, une pareille réclamation était impossible de la part du défendeur ; il fallait nécessairement que l'action reconventionnelle dérivât *ex eadem causa*. L'*intentio* de la formule des *bonæ fidei actiones* était, pour ce cas, conçue en ces termes : *Quidquid ob eam rem alterum alteri dare, facere oportet ex fide bona*. En cet état de choses, il y avait éventualité de condamnation pour l'une et l'autre partie.

Après l'abolition de l'*ordo judiciorum*, les actions reconventionnelles, n'étant plus limitées par les exigences formalistes de la procédure formulaire, reçurent une extension plus grande et se trouvèrent organisées à peu près comme dans notre droit moderne, c'est-à-dire qu'on put les exercer indépendamment de toute communauté d'origine avec la demande primitive. La même question que nous avons posée à l'occasion de la *duplex actio* revient encore ici dans les mêmes termes : Y a-t-il possibilité de condamnation contre le demandeur ? La solution sera la même que dans le premier cas. Ici encore nous répondons négativement. Il est vrai qu'en vertu d'une action de ce genre le demandeur peut être condamné ; mais alors c'est en qualité de défendeur, puisque la demande reconventionnelle a interverti les rôles, et ainsi cette hypothèse rentre, comme la précédente, dans notre règle générale.

Ainsi, les deux seuls résultats possibles d'un procès sont : ou la condamnation ou l'absolution du défendeur ; telle est l'unique alternative offerte au juge, et cela sans distinction entre les actions personnelles et les actions réelles. Dans ces dernières, la reconnaissance directe du droit litigieux au profit du défendeur est chose impossible, même en se plaçant dans l'hypothèse où il aurait triomphé en prouvant son droit sur la chose. C'est là une conséquence rigoureusement logique des principes. Cette solution aurait pu entraîner de graves inconvénients : si, par exemple, le défendeur à une revendication avait triomphé en faisant la preuve de son droit de propriété, il aurait eu un intérêt évident à se voir garantir son droit à l'avenir, car les preuves peuvent disparaître, les témoins peuvent mourir ou ne se rappeler qu'imparfaitement plus tard leurs dépositions antérieures. Comment remédier à une situation aussi fâcheuse? Il semble qu'une action reconventionnelle serait tout à fait appropriée à la circonstance; mais les principes de la matière y font obstacle, car l'action de la propriété ne pouvait être exercée que par ceux qui ne possèdent pas (1). On serait donc tenté de croire qu'on se heurte ici à une impossibilité évidente, et qu'on aboutit ainsi à un résultat inique, la violation du droit véritable; mais le doute disparaît si l'on réfléchit que l'autorité de la chose jugée garantit les éléments du jugement. En un mot, si le juge est convaincu de l'existence du droit réel en la personne du défendeur, la forme de la sentence demeure toujours une absolution, puisque jamais il ne peut y avoir lieu à condamnation du demandeur; mais, comme les motifs sont protégés par la fiction de vérité de la chose jugée, le défendeur peut invoquer dans un autre litige la qualité que lui a reconnue le jugement antérieur : ainsi l'efficacité de son droit lui est assurée pour l'avenir.

De cette étude ressort incontestablement cette vérité, que le fondement réel et nécessaire de notre théorie de l'autorité de la chose jugée consiste dans les parties essentielles et constitutives du jugement, dans

(1) L. 9, D., *De rei vind.*

son contenu, c'est-à-dire dans la condamnation ou l'absolution du défendeur. Il nous reste, pour compléter ce sujet, à rechercher ce qui forme les éléments véritables de toute sentence de condamnation ou d'absolution, ceux qu'il est nécessaire de protéger pour l'avenir derrière la présomption d'autorité de la chose jugée; nous allons nous en occuper dans le paragraphe suivant.

§ II.

Éléments de l'autorité de la chose jugée.

L'expression véritable de la pensée du juge, en d'autres termes la décision du litige, est contenue dans la condamnation ou l'absolution du défendeur, qui constitue la sentence réelle, ce que nous appelons de nos jours le dispositif du jugement. Mais il importe essentiellement de remarquer que la condamnation ou l'absolution prononcée par le juge ne sont que la partie purement pratique et positive de la sentence, la conséquence directe et nécessaire des rapports de droit litigieux affirmés ou niés par le juge, et que ces droits, qui forment l'objet du procès, sont les motifs déterminants qui ont amené la décision du litige. Ces motifs déterminants constituent les éléments essentiels du jugement; ils en font partie intégrante, et nous pouvons poser en principe, en nous appuyant sur l'autorité irrécusable de textes nombreux émanés des sources du droit romain, que ce sont ces éléments qui forment la base réelle et nécessaire de l'exception *rei judicatæ*, et qu'elle protége à l'avenir contre toute action nouvelle, lorsqu'ils ont été définitivement fixés par la sentence du juge. Cette assertion est confirmée principalement par un fragment de Gaïus (1) relatif au cas où l'on procédait *per sponsionem* à la revendication d'un immeuble. Dans cette hypothèse, la formule n'indiquait pas le motif de la demande; mais cette indication se trouvait renfermée dans le dispositif. Du reste, à défaut de texte, les lumières seules du bon sens et de la raison suffiraient pour démontrer l'évidence de cette règle. En supposant par la pensée une décision judiciaire dénuée entièrement de motifs, on arriverait à des abstractions chimériques qui ne laisseraient à l'autorité de la chose jugée qu'une existence nominale et purement illusoire. C'est qu'en effet il est impossible de comprendre la condamnation ou l'absolution du défendeur sans les rattacher directement à leur principe générateur, c'est-à-dire aux motifs déterminants dont elles ne sont que la conséquence.

Ce premier point exposé, nous devons indiquer où sont contenus ces motifs du jugement, ainsi protégés par l'exception de la chose jugée. En nous plaçant à l'époque du système formulaire, la seule sur laquelle nous ayons des renseignements précis à cet égard, nous trouvons les règles suivantes : c'était dans la *demonstratio*, et surtout dans l'*intentio* de la formule,

(1) *Comment.*, IV, §§ 93 et 94.

qu'étaient précisés les motifs qui devaient servir de base à l'exception *rei judicatæ*, car c'était dans ces parties de la formule qu'étaient établies les conclusions du demandeur ; quand ces éléments n'étaient pas renfermés dans l'*intentio*, ils se trouvaient dans le dispositif. Ainsi, dans le cas de *petitoria formula*, quand le juge rejetait l'action en se basant sur le défaut de possession du défendeur, ce motif déterminant de l'absolution du défendeur était indiqué dans le jugement(1), et ce point de droit est confirmé par des textes nombreux de droit romain.

Telles étaient les règles admises, à cet égard, par les jurisconsultes, et avec cet exposé se termine la première partie de notre étude.

Nous croyons avoir suffisamment indiqué les conditions nécessaires à l'autorité de la chose jugée : en premier lieu, un jugement définitif ou même provisoire ; ensuite, comme base nécessaire, comme fondement véritable de la présomption de vérité du jugement, le contenu même de la sentence, en d'autres termes la condamnation ou l'absolution du défendeur, en tenant compte des motifs qui ont amené la décision du juge. Entre ces motifs, en effet, et l'acte imposé au défendeur ou le rejet de l'action, il y a un rapport logique de principe et de conséquence ; et si ces éléments ne participaient pas à l'autorité du jugement, nous aboutirions à des abstractions chimériques : la logique nous conduit donc à conclure que les éléments essentiels du jugement en font partie intégrante, et sont

(1) L. 17, D., *De rei jud. exc.*; l. 18, *De eod. t.*

garantis par l'autorité de la chose jugée. Ces points exposés, nous arrivons à la seconde partie de notre étude, qui est de beaucoup la plus importante, à l'examen des effets de la décision judiciaire, de l'autorité du jugement pour l'avenir.

SECONDE PARTIE.

EFFETS DE L'AUTORITÉ DE LA CHOSE JUGÉE.

Trois institutions principales correspondent à trois degrés différents des effets d'un jugement : l'exécution, l'*actio judicati* et l'exception *rei judicatæ*. Les deux premières s'appliquent en cas de condamnation seulement; l'exception de chose jugée, au contraire, s'applique aussi bien au cas d'absolution qu'au cas de condamnation du défendeur, et elle garantit également tous les jugements. Mais la différence la plus considérable consiste en ce que l'exécution et l'action *judicati* ne sont que des formes de procédure, tandis que l'exception se rattache intimement, par l'affinité la plus étroite, au fond même du droit, sur lequel elle exerce une influence considérable ; aussi est-ce sur cette dernière institution que va porter spécialement notre examen. L'exécution n'est par elle-même que le dernier acte de la procédure, en cas de condamnation. Quant à l'action *judicati*, l'obligation spéciale qui en dérive n'est que le développement de l'obligation sur laquelle est basée la *litis contestatio*. Cette obligation n'est, en réalité, que l'exécution elle-même de la sentence, et dès lors elle rentre également dans le domaine de la procédure.

En dernier lieu, nous trouvons l'exception *rei judicatæ*. L'étude historique que nous avons présentée au début de cette thèse sur son rôle et ses transformations successives jusqu'à l'époque du droit de Justinien nous fournit des notions suffisamment précises pour savoir qu'elle était destinée à réaliser l'application de la présomption de vérité de la chose jugée. Son but consiste à empêcher qu'une décision judiciaire puisse se trouver en contradiction avec un autre jugement antérieur. Nous allons l'étudier à l'époque où elle est arrivée à son développement le plus complet dans le dernier état du droit romain. Sa sphère d'application est infiniment plus vaste que celle des deux institutions dont nous avons indiqué sommairement les effets ; elle s'étend à tous les jugements qui peuvent se présenter dans la pratique.

En cas d'absolution, l'exception protége le défendeur contre tout litige ultérieur de nature à compromettre les résultats de la sentence. Dans le cas de condamnation, elle protége également le demandeur et le défendeur : le demandeur, contre une action nouvelle de la part du défendeur d'une nature identique à la question de droit déjà résolue par la sentence de condamnation ; le défendeur, contre toute réclamation qui dépasserait les limites fixées par cette même condamnation. En un mot, le but de l'exception de chose jugée, c'est de faire obstacle à toute prétention de nature à amener un conflit entre deux jugements s'appliquant à un procès identique. Il nous faut maintenant examiner à quelles conditions est subordonnée sa validité ; c'est ce qui va faire l'objet de notre recherche.

Nous pouvons formuler en ces termes la position de notre question : Quel est le rapport qui doit exister entre un procès déjà jugé et un procès nouveau pour que l'exception *rei judicatæ* soit efficace et fasse repousser l'examen du nouveau litige ? Si, pour résoudre ce point de droit, nous invoquons le témoignage des sources, nous trouvons au Digeste deux textes d'Ulpien qui établissent de la manière la plus nette et la plus précise les principes de la matière ; le premier est conçu en ces termes :

« *Julianus respondit exceptionem rei judicatæ obstare quotiens eadem quæstio inter easdem personas revocatur* (1). »

Le second s'exprime de la manière suivante :

« *Et generaliter, ut Julianus definit, exceptio rei judicatæ obstat quotiens inter easdem personas eadem quæstio revocatur, vel alio genere judicii* (2). »

Ces deux textes, placés également par Ulpien sous l'autorité du jurisconsulte Julien, sont parfaitement concordants entre eux, et il résulte de leur contenu qu'une double condition est nécessaire pour l'efficacité de l'exception de la chose jugée : identité des rapports de droit litigieux, identité des parties ; ce que l'école allemande appelle la double identité objective et subjective : *eadem quæstio inter easdem personas*. Tels

(1) L. 3, D., *De exc. rei jud.*
(2) L. 7, D., *De exc. rei jud.*

sont les deux éléments auxquels est subordonnée la validité de l'exception *rei judicatæ ;* l'examen de chacun d'eux fera l'objet d'une section spéciale.

SECTION I.

LA MÊME QUESTION DE DROIT.

(*Eadem quæstio.*)

Nous allons examiner d'abord le premier élément de l'autorité de la chose jugée, l'identité de la question de droit dans les deux litiges. A cet égard, nous remarquerons que cette formule des textes : *eadem quæstio*, nous prouve d'une manière incontestable la réalité des principes que nous avons exposés dans notre étude historique sur les fonctions de l'exception *rei judicatæ;* nous disions, en effet, qu'au temps des jurisconsultes, cette exception avait pour but non pas d'empêcher le renouvellement d'une action épuisée, mais de protéger le contenu véritable du jugement, ses éléments essentiels. Or l'expression *quæstio* vient à l'appui de cette assertion ; elle nous montre, en effet, que l'office du juge était d'examiner le contenu du premier jugement, afin de voir si ce jugement ne s'appliquait pas à une question, à un rapport de droit identique à celui qui faisait l'objet du nouveau litige.

L'antique exception, l'exception dans sa fonction négative, impliquait bien une certaine identité, mais cette identité portait sur l'*intentio* des deux formules et non sur les éléments mêmes du procès. Dans le dernier état du droit, au contraire, c'étaient ces éléments, c'est-à-dire le véritable contenu du jugement, qui formaient la base fondamentale de l'exception; il fallait, en premier lieu, que le droit qui faisait l'objet du nouveau litige eût déjà été pris pour base d'une décision judiciaire antérieure. Ainsi, il faut écarter du cercle d'application de l'autorité de la chose jugée tous les cas dans lesquels l'action nouvelle, malgré quelques apparences d'analogie, ne porte pas sur la même question de droit. Le jugement relatif à la question de la propriété du fonds Cornélien, par exemple, ne peut jamais exercer d'influence sur un litige postérieur relatif à la possession, et réciproquement.

Ces règles sont nettement posées dans les textes (1): « *Si quis interdicto egerit de possessione, postea in rem agens non repellitur per exceptionem, quoniam in interdicto possessio, in actione proprietas vertitur*. » Il y a sans doute quelque affinité entre ces deux droits sur la chose, la possession et la propriété; par suite on pourrait être tenté de considérer la possession comme une partie de la propriété, mais ce serait là une erreur profonde: il y a entre elles une différence bien marquée dans leur nature intime et dans leurs effets; aussi nous ne rencontrons pas là l'identité nécessaire à l'application de l'exception *rei judicatæ*. De même, une action confessoire relative à *iter*, rejetée par un premier jugement, n'empêche pas que plus tard une nouvelle action confessoire s'élève relativement à la servitude

(1) L. 14, § 3, D., *De exc. rei jud.*

d'*actus*. Il n'y a pas, en effet, identité entre ces deux demandes, *eadem quæstio*. Ulpien, à cet égard, s'exprime ainsi : « *Puto fortius defendendum, aliud tunc petitum.* »

Pour nous, nous croyons qu'on peut intenter l'action confessoire nouvelle relativement à *actus*, mais en réclamant alors *actum sine itinere*. Il n'y pas là, en effet, deux servitudes distinctes, indivisibles, quoiqu'elles puissent être constituées par des actes juridiques indépendants : *iter* est compris dans *actus ;* et, comme on peut parfaitement admettre l'idée d'une servitude d'*actus sine itinere*, la décision judiciaire qui, après un jugement refusant *iter*, accorderait *actum* sans en détacher *iter*, violerait tous les principes, car elle serait nécessairement contradictoire du jugement antérieur.

Le rejet d'une action en revendication d'une chose déterminée ne met pas obstacle à une demande nouvelle relativement à cette même chose, en vertu d'une *condiction*, ainsi que l'enseigne Paul ; il est vrai qu'il y a dans les deux cas *eadem res*, mais il n'y pas *eadem causa petendi*, et la réunion de ces deux éléments est nécessaire pour constituer la *eadem quæstio*.

Dans tous les cas que nous venons d'énumérer, il est facile de voir que le droit en litige n'est pas le même dans les deux actions, et que dès lors l'exception de la chose jugée n'a pas d'application possible. Mais, dès que le fond du procès porte sur la *eadem quæstio*, l'exception reprend son empire, malgré des différences apparentes entre les deux litiges. Ces différences, qui pourraient, au premier abord, faire douter de l'identité de la question de droit, se rangent en des catégories diverses ; nous allons les examiner successivement, afin de mettre dans tout son jour cette règle si importante et d'une application si délicate, souvent, de la *eadem quæstio*, et de pouvoir exactement reconnaître en quels cas elle existe et quelles en sont les limites. Les textes nous fournissent à cet égard des témoignages suffisants pour exposer la véritable théorie juridique de cette matière. Le point fondamental dont il faille tenir compte, auquel nous devions nous attacher comme à un critérium certain, c'est l'existence de la même question de droit, en négligeant, comme secondaires et purement accessoires, les différences apparentes qui peuvent exister entre les deux actions.

Cette doctrine se rattache ainsi intimement aux principes que nous avons établis sur l'autorité des éléments essentiels de la sentence du juge. C'est le contenu du jugement qui forme la base réelle de l'exception *rei judicatæ*, et les sources du droit romain nous prouvent que certaines différences apparentes entre les deux actions n'empêchaient nullement l'application de l'autorité de la chose jugée. Nous allons énumérer successivement les différences principales que nous signalent les textes, et de l'examen de ces divers cas ressortira l'exactitude des règles que nous venons d'exposer.

§ I.

Actions d'espèces différentes.

Cette première différence entre les deux litiges ne fait pas obstacle à l'autorité du jugement; la preuve en est formellement établie dans le texte suivant d'Ulpien, que nous avons déjà cité, et qui est conçu en ces termes: « *Exceptio rei judicatæ obstat quotiens inter easdem personas eadem quæstio revocatur, vel alio genere judicii* (1). » D'autres textes nous montrent des applications diverses de cette règle. Ainsi, par exemple, si une chose a été remise à titre de gage ou de commodat et que le tiers détenteur l'ait détériorée, deux actions s'offrent au maître de la chose pour obtenir la réparation du dommage: l'action de son contrat et l'action aquilienne; mais si l'une d'entre elles est rejetée, par ce motif que le juge dénie le fait du dommage causé, l'exception *rei judicatæ* fait obstacle à l'examen de l'autre action. Nous allons exposer sous ce même paragraphe un cas nouveau, où l'exception s'applique, malgré la différence du rôle des parties, dans les deux procès.

2e cas: *Différence des rôles des plaideurs.* — Cette circonstance ne fait pas non plus obstacle à l'exception ou à la *replicatio rei judicatæ*, et il est facile de s'en convaincre, les espèces suivantes ne laissent aucun

(1) L. 7, § 4, *De exc. rei jud.*

doute à cet égard. Le défendeur qui a succombé dans une instance en revendication, et qui intente une action nouvelle relativement au même immeuble contre le demandeur primitif, est repoussé par l'exception de chose jugée, car le droit absolu et exclusif reconnu par le premier jugement au profit du demandeur dénie irrévocablement au défendeur le droit de propriété ; de même pour le cas de la pétition d'hérédité.

Dans le cas de l'action *pigneratitia in rem*, de l'action hypothécaire, quand, dans un premier procès, la priorité de rang a été reconnue appartenir au demandeur, si l'ancien défendeur vient, dans un litige nouveau, réclamer à son profit cette même priorité, il sera également repoussé par l'autorité de la chose jugée, car le premier jugement a irrévocablement fixé le premier rang au profit du demandeur. Si, dans une revendication, le demandeur succombe parce que le juge dénie son droit, et que plus tard il vienne à rentrer en possession de la chose revendiquée par lui : sur l'action publicienne intentée contre lui par l'ancien défendeur, l'exception *justi dominii*, opposée par lui à cette demande, serait repoussée par la *replicatio rei judicatæ*. Cette espèce est remarquable, et nous devons la noter, car elle renferme une application des deux règles dont nous venons de faire l'étude. Il y a là, en effet, en même temps, une différence dans le rôle des plaideurs, et aussi dans l'espèce des actions, *aliud genus judicii;* et c'est là un exemple nouveau qui prouve encore, d'une manière incontestable, l'exactitude de notre première règle.

§ II.

Décision sur la légitimation de la demande.

Le droit qui a figuré dans le premier litige comme l'objet direct de l'action du demandeur peut être envisagé dans le second comme condition de l'action exercée ; cette différence entre les deux procès ne fait pas obstacle à l'exception de chose jugée, et c'est ce que nous nous proposons de démontrer avec d'autant plus de soin que ce point de droit a été contesté par quelques jurisconsultes. Si le demandeur qui a succombé dans une instance en pétition d'hérédité revendique plus tard contre l'ancien défendeur un bien dépendant de cette même hérédité, il sera repoussé par l'exception *rei judicatæ*, quoique la qualité d'héritier ne soit, dans le procès nouveau, que la condition de la propriété réclamée, en d'autres termes la légitimation de la demande ; et réciproquement, si le demandeur avait revendiqué d'abord un bien particulier, en qualité d'héritier du *de cujus*, et que le juge lui eût dénié ce titre, l'action en pétition d'hérédité exercée ensuite par lui contre l'ancien défendeur serait rejetée par l'exception de chose jugée.

Cette règle, dont l'importance pratique est considérable, nous fournit une preuve nouvelle à l'appui de notre théorie sur l'autorité des motifs, et son existence est liée intimement à celle des principes que nous avons établis à cet égard. On a cherché cependant à révoquer en doute l'existence de cette règle de la légitimation de la demande en droit romain ; nous allons donc nous attacher à en démontrer la validité. Nous citerons en premier lieu des textes qui, à notre avis, en établissent l'existence d'une manière non équivoque.

Ainsi, dans les deux espèces que nous venons d'examiner, et qui se rapportent à la pétition d'hérédité, nous voyons qu'Ulpien rattache directement la décision du litige, dans l'un et l'autre cas, à la *eadem quæstio*, qui forme la base de chacun des jugements. Voici, en effet, les termes dont il se sert, et qui sont parfaitement précis à cet égard : « *Julianus respondit exceptionem rei judicatæ obstare quotiens inter easdem personas eadem quæstio revocatur; et ideo,* [illegible] *singulis rebus petitis hereditatem petat, vel con*[illegible] *xceptione summovebitur* (1). »

De même, pour le cas de la revendicat[illegible]

« *Et ideo, si hereditate petita singul*[illegible]*s petat, vel singulis rebus petitis hereditatem p*[illegible]*, exceptione summovebitur.* »

Dans les deux cas, Ulpien rapporte la décision du litige à l'existence de la *eadem quæstio*, comme on le voit clairement dans ce fragment, où il emploie précisément cette expression pour justifier le jugement.

Nous pouvons citer une autre espèce qui offre de l'analogie avec celle que nous venons d'exposer. Le prétendu héritier d'un créancier réclame une dette; le juge rejette la demande, en déniant au demandeur la

(1) L. 3, D., *De exc. rei jud.*

qualité d'héritier : si plus tard ce dernier exerce contre l'ancien défendeur la pétition d'hérédité, l'action sera repoussée au moyen de l'exception *rei judicatæ*.

Ulpien rattache cette décision à la précédente, en ajoutant, relativement à l'hérédité, la raison suivante : « *Nam cum hereditatem peto, et corpora, et actiones omnes, quæ in hereditate sunt, videntur in petitionem deduci.* » Ces derniers mots prouvent qu'Ulpien se place ici au point de vue de l'ancien principe de la consommation de l'action, et envisage l'exception dans sa fonction négative. De là on a voulu conclure que le jurisconsulte rattachait uniquement sa décision à cette règle primitive, et non à l'autorité des motifs ; mais cette interprétation serait inexacte.

En effet, au temps d'Ulpien, l'exception était employée concurremment dans la pratique sous ses deux formes, avec ses deux fonctions ; et si un conflit s'élevait, c'était à la fonction positive qu'on donnait la préférence. Sur la question de revendication d'action de la propriété, Ulpien rattache la décision à l'existence de la *eadem quæstio*, c'est-à-dire qu'il a en vue la fonction positive de l'exception ; puis, arrivé à la question de créance, il rapporte la solution à la consommation du litige, à la fonction négative, qui s'appliquait également dans ce cas. Il serait donc injuste d'adresser au jurisconsulte le reproche d'inconséquence et de confusion de principes.

Outre ces exemples, nous trouvons souvent mentionnée dans les textes une exception *præjudicialis*, introduite dans le but de faire suspendre un procès jusqu'à la décision d'un autre procès plus important.

Son utilité principale était d'empêcher qu'une sentence portant sur une question accessoire pût être décidée superficiellement, à cause de son influence sur une autre question beaucoup plus considérable, et cela en vertu de l'autorité de la chose jugée. L'admission de cette forme de procédure ne peut évidemment s'expliquer qu'à l'aide des règles que nous avons établies sur la légitimation de l'action. Voici un texte dans lequel nous trouvons employée cette exception préjudicielle (1) : Primus et Secundus se disputent la propriété du fonds Titianus ; en outre, Primus réclame une servitude de passage sur Secundus pour arriver jusqu'au *fundus* Titianus, qui est en litige : Secundus, dans cette hypothèse, est autorisé à demander qu'il soit sursis par le juge à l'examen de cette dernière question jusqu'à la décision du premier litige relatif à la propriété du *fundus* Titianus ; et les motifs donnés à l'appui de cette solution sont précieux à recueillir, « *videlicet, quod non aliter viam mihi probaturus sim, quam probaverim fundum Titianum meum esse.* »

Le but unique de l'exception apparaît ici dans toute son évidence : c'est d'empêcher qu'à l'occasion de l'action confessoire, la question de la propriété ne soit décidée comme condition de l'action du demandeur, c'est-à-dire comme légitimation de la demande. Tous ces textes prouvent donc d'une manière incontestable la réalité des principes que nous avons exposés, à savoir, que le jugement rendu sur la légitimation de la demande est investi de l'autorité de la chose jugée.

(1) L. 16, D., *De exc.*

§ III.

Différence dans l'objet des actions

1° *Différence d'objet extérieur.* — Cette différence n'empêche pas, dans certains cas, l'application de l'exception *rei judicatæ*. La seule chose à considérer, en effet, comme nous l'avons déjà dit, c'est uniquement de savoir s'il y a ou non *eadem quæstio*, si la question de droit agitée dans le second procès est identique à celle du premier ; or cette identité peut se rencontrer, malgré la différence d'objet extérieur, dans certains cas que nous allons examiner. Il y a toutefois au Digeste des textes qui semblent démentir cette idée et limiter l'exception au cas où il s'agit du même objet. Voici, par exemple, un texte ainsi conçu : « *Quum quæritur hæc exceptio noceat necne, inspiciendum est an idem corpus sit, quantitas eadem, idem jus.* » Mais il faut entendre ces fragments de Paul et d'Ulpien en ce sens qu'ils ne s'appliquent qu'aux cas ordinaires, et non à certains cas particuliers dans lesquels la différence d'objet n'empêche pas l'identité de la question de droit.

Ces cas se présentent quand on considère le rapport d'un tout à ses parties. Il est évident et incontestable que le tout est composé de l'ensemble de ses parties, et que dès lors il y a un lien intime d'où résulte l'influence du jugement rendu sur le tout, sur la décision à rendre relativement à chacune de ses parties. Donc la différence entre la question de droit posée dans les deux litiges est plutôt apparente que réelle. Nous allons citer des exemples qui nous montreront l'étendue de cette règle, et la mettront en lumière.

En premier lieu, nous citerons une espèce relative à la pétition d'hérédité. Cette action embrasse en général l'universalité d'un patrimoine, mais elle peut aussi être intentée dans le cas de la possession par le défendeur d'un bien particulier dépendant de la succession. Ainsi, l'héritier qui, en cette qualité, réclame la possession du fonds Cornélien et succombe, ne peut plus revendiquer plus tard contre l'ancien défendeur une maison ou toute autre chose faisant partie de la succession. L'exception *rei judicatæ* s'applique, en effet, malgré la différence d'objet extérieur, car la question de droit est identique; elle porte, dans les deux litiges, sur la qualité d'héritier que le premier jugement a déniée au demandeur.

Les textes nous fournissent encore une autre espèce. Primus et Secundus réclament la succession de Titius, et chacun d'eux se prétend seul héritier; l'un et l'autre sont possesseurs d'un bien dépendant de l'hérédité; dans cette situation, Primus exerce la pétition d'hérédité relativement au bien possédé par Secundus, et triomphe : si, plus tard, Secundus revendique la chose possédée par Primus, il sera repoussé par l'exception *rei judicatæ*, car le premier jugement lui a dénié le titre d'héritier.

Notre règle du rapport du tout à ses parties s'applique également quand l'action, portant sur un seul bien, un droit réel par exemple, est renouvelée plus tard, après un premier échec, pour une partie de cette même chose ; la décision relative au tout exerce son influence sur chacune des parties, en vertu d'un principe qu'il nous reste à étudier : *in toto et pars continetur*. Cette règle exerce son empire dans les deux cas d'application de l'exception *rei judicatæ*, soit qu'il s'agisse de la fonction négative, soit qu'il s'agisse, au contraire, de la fonction positive de l'exception. S'agit-il de l'ancien principe de la consommation de l'action ? l'exception s'applique, par suite de cette règle que la revendication de l'immeuble a déduit *in judicium* non-seulement l'immeuble entier, mais aussi chacune de ses parties, et dès lors toute action qui pourrait s'y rapporter est anéantie. S'agit-il, au contraire, de la nouvelle règle, de l'existence de la *eadem quæstio ?* l'exception s'applique encore, et cela en vertu des règles qui gouvernent la mission du juge et en déterminent l'étendue. Le juge, en effet, peut se mouvoir librement dans le cercle de la demande portée devant lui, du moins dans le dernier état de la procédure romaine ; par suite, sur la revendication d'un immeuble, il est libre d'adjuger la chose entière ou seulement une partie de cette chose.

Le rejet de l'action implique donc nécessairement la négation de tout droit de propriété sur l'immeuble entier et sur chacune des parties, des divisions possibles de ce même immeuble, en la personne du demandeur. Mais il faut remarquer que ce principe n'est vrai qu'autant que le juge avait des pouvoirs suffisants pour connaître aussi de ce qui fait l'objet de l'instance ultérieure ; autrement l'exception ne saurait s'appliquer.

C'est en vertu de cette dernière remarque que nous pouvons expliquer plusieurs textes qui semblent en contradiction avec le principe général que nous venons d'établir. Ainsi, quand de plusieurs demandes basées sur le même droit, une seule a fait l'objet d'une instance, la demande relative aux autres ne peut pas être rejetée, car le juge était obligé de se renfermer dans les limites de la demande, et ne pouvait, sous peine de forfaiture, statuer *ultra petita* (1). Mais, en dehors de cette exception, la règle du rapport du tout à ses parties s'applique en général.

Ce principe remarquable, et fécond en résultats pratiques d'une importance considérable, est établi dans un texte d'Ulpien, qui mérite de fixer notre attention; il est conçu en ces termes : « *Si quis, cum totum petisset, partem petat, exceptio rei judicatæ nocet : nam pars in toto est. Eadem enim res accipitur etsi pars petatur ejus quod totum petitum est. Nec interest utrum in corpore hoc quæratur, an in quantitate vel in jure. Proinde, si quis fundum petierit, deinde partem petat vel pro diviso, vel pro indiviso, dicendum erit exceptionem obstare; proinde et si proponas mihi, certum locum me petere ex eo fundo quem petii, obstabit exceptio* (2). »

Ce texte nous montre trois applications diverses de ce grand principe : *in toto et pars continetur*, suivant qu'il s'agit d'un *corpus* et de ses divisions, ou d'une *quantitas*, ou enfin quand il s'agit d'un *jus*. De même

(1) D., l. 20 ; l. 21 pr., *De exc. rei jud.*
(2) D., l. 7 pr., *De exc. rei jud.*

encore le rejet d'une pétition d'hérédité s'applique à toute demande qui porterait sur une fraction quelconque de cette même hérédité. Celui qui a succombé dans la réclamation de la moitié d'une succession ne serait plus recevable à en réclamer un sixième (*sextans*). Si deux choses ont été réclamées simultanément, et que la demande ait été rejetée, si plus tard une seule est revendiquée, il y a lieu à l'autorité de la chose jugée. De même pour le cas d'un troupeau.

Maintenant plaçons-nous dans l'hypothèse inverse, celle où le demandeur, après avoir succombé dans la demande d'une des parties intégrantes d'une chose, réclame, dans une action nouvelle, la totalité de cette chose : *quid juris* dans cette hypothèse? Sur ce point, les opinions sont divergentes dans la doctrine, les uns appliquant toujours l'exception, les autres en rejetant toujours l'emploi; mais ces opinions si tranchées, si radicales, sont également erronées. Pour nous, nous croyons que la solution vraiment juridique de ce point de droit doit être cherchée à l'aide du critérium certain, infaillible, que nous avons déjà indiqué, à savoir, l'existence de la *eadem quæstio*, de l'identité objective dans les deux litiges. Il s'agit purement et simplement de savoir si, dans la revendication d'un tout après le rejet de la demande d'une de ses parties, l'action nouvelle porte ou non sur la même question de droit. Or, à cet égard, la réponse nous paraît bien simple et bien facile à faire, et nous avouons que nous avons peine à comprendre les controverses qui se sont élevées sur ce point.

Si chacune des parties est comprise dans le tout, *in*

toto et pars continetur, il est évident, à l'inverse, que le tout n'est pas compris dans une de ses parties. Dans le premier cas, la mission du juge n'a pas été uniquement renfermée dans l'examen du droit du demandeur au tout, mais elle s'étendait même à chacune de ses parties ; par suite, le rejet de la demande avait nécessairement pour conséquence le rejet de toute action nouvelle portant sur le tout ou sur chacune des fractions possibles de ce tout, toute décision concernant chacune de ces divisions possibles de la chose litigieuse devant être nécessairement contradictoire avec le jugement antérieur. Mais, dans le second cas, la solution ne saurait être la même. Le juge, en effet, dépasserait la limite de ses pouvoirs s'il adjugeait au demandeur plus qu'il n'a réclamé, s'il statuait *ultra petita ;* sa mission est renfermée dans le cercle de la demande, et par conséquent une action nouvelle portant sur le tout est parfaitement admissible. Mais est-ce à dire que le jugement nouveau pourrait adjuger la chose entière au demandeur, sans en retrancher la partie sur laquelle est intervenu le premier jugement de rejet? C'est ici qu'il importe de bien s'expliquer pour éviter toute erreur. Sur cette partie, sur cette fraction du tout réclamé par l'action nouvelle, le juge de l'action primitive a dénié le droit du demandeur : l'exception *rei judicatæ* doit donc nécessairement s'appliquer pour cette partie de la chose litigieuse, même à l'occasion de la revendication de la chose entière. Sans cette restriction le jugement nouveau serait contradictoire avec le premier, puisque l'autorité de la chose jugée protége le défendeur contre toute attaque ultérieure relative à cette portion de la chose qui a fait l'objet du premier jugement, même quand l'action nouvelle se cacherait sous le masque d'une demande comprenant la chose entière, car cette apparence d'action portant sur une autre question de droit serait entièrement fausse, et elle ne saurait en aucun cas détruire l'autorité du premier jugement; ce jugement, en effet, a irrévocablement fixé pour l'avenir le droit relatif à cette partie de la chose, et aucun artifice, aucune subtilité de procédure ne saurait l'anéantir, sous peine de ruiner dans ses bases le principe tutélaire de l'autorité de la chose jugée.

Telle est la solution qui nous paraît la seule juridique, la seule fondée sur les principes du droit sainement appliqués; et les sophismes spécieux, les arguments d'école sur lesquels on a cherché à étayer les systèmes contraires, nous persuadent de plus en plus que cette doctrine si simple, et qui se présente si naturellement à l'esprit, est la véritable règle juridique de cette matière. Nous allons citer une espèce où nous trouverons l'application des règles que nous venons d'exposer pour arriver à la solution véritable des questions qui se présentent sur ce sujet. Sur une action confessoire, le *jus altius non tollendi* a été dénié au demandeur pour dix pieds; plus tard, ce même demandeur intente une action nouvelle dans laquelle il réclame la même servitude pour vingt pieds : *quid juris?* Reportons-nous aux principes que nous avons exposés à cet égard : la question de droit qui fait l'objet du second procès est-elle identique à celle du premier? Sur ce point, notre réponse est affirmative; nous croyons qu'il y a là *eadem quæstio* dans les deux litiges, et cela parce que le jugement qui interviendrait sur le second procès serait nécessairement contradictoire avec le premier, et que leur exécution simultanée serait impossible en supposant que le juge admettrait la prétention nouvelle. Le juge du premier procès, en effet, a décidé que le demandeur n'a pas droit à la servitude réclamée, même pour dix pieds : dès lors, comment lui accorder, par un jugement postérieur, ce droit pour vingt pieds, lorsqu'aucun changement ne s'est produit depuis le premier jugement, et qu'il n'est survenu aucune *causa superveniens* pour légitimer la prétention nouvelle? Une telle décision violerait tous les principes de la matière. Il est vrai que vingt n'est pas contenu dans dix, et dès lors ce n'est pas la règle *In toto et pars continetur* qu'il nous faut invoquer à l'appui de notre solution. Mais le juge de l'action primitive avait mission pour décider, dans les limites de la demande, si le droit réclamé existait en la personne du demandeur, et le rejet de cette action première étend nécessairement son influence au litige nouveau, car la servitude réclamée par la nouvelle action ne saurait s'exercer sans la servitude plus restreinte déniée par le premier jugement.

2° *Différence d'objet juridique.* — Sur ce sujet, nous n'avons pas de texte décisif sur lequel nous appuyer; mais les principes généraux suffisent pour justifier notre règle, que cette différence est impuissante à empêcher l'application de l'exception *rei judicatæ*. Si, par exemple, en vertu de l'action *furti*, la peine du quadruple ou du double a été réclamée contre un prétendu voleur, et que le juge ait rejeté l'action, plus tard une demande formée par *condictio* pour réclamer la chose volée contre l'ancien défendeur sera repoussée par l'exception de chose jugée ; la nouvelle action est pourtant parfaitement distincte de la première, puisque dans celle-ci c'était la peine, tandis que dans la seconde c'est l'indemnité qui est réclamée : l'objet juridique est donc différent. Mais nous trouvons la même question de droit dans les deux litiges, car la *condictio furtiva* se base essentiellement sur l'idée d'un vol accompli, et que le jugement antérieur rendu sur l'action *furti* en a dénié l'existence. A défaut de texte, nous pouvons invoquer par analogie l'autorité des sources en ce qui concerne l'exception *jurisjurandi*, qui se relie par une étroite affinité à l'exception de la chose jugée (1).

§ IV.

Différence de l'origine de l'action.

Le droit qui fait l'objet des deux litiges peut avoir dans chacune des actions une origine différente : cette circonstance est également impuissante, en général, à écarter l'application de l'exception de la chose jugée. Ce point important de notre sujet mérite, de notre part, une attention particulière ; du reste, les textes du Digeste renferment, à cet égard, des règles précises, dont le sens n'est susceptible d'aucune controverse

(1) D., l. 13, § 2 *De jurej.*

sérieuse. Mais, à ces règles, il y a une exception à l'occasion de laquelle se sont élevées des dissidences que nous aurons à examiner.

Les principes de la procédure romaine avaient introduit en cette matière une distinction remarquable entre les actions *in personam* et les actions réelles. Dans les premières, l'origine de l'obligation lui donne une nature spéciale, une *causa* distincte. Mais quand il s'agit, au contraire, de questions d'hérédité ou d'actions en revendication, on considère uniquement l'objet même du droit, sans s'occuper du fondement de la demande. Ainsi, par exemple, dans les questions d'obligation, le demandeur qui succombe dans la réclamation du *fundus Cornelianus*, basée sur un contrat de vente, peut réclamer plus tard ce même fonds Cornélien, en vertu d'un fidéicommis ou d'un legs, sans que l'exception de la chose jugée soit applicable, car la cause est différente dans les deux litiges. S'il s'agit, au contraire, d'une question de revendication, et que le droit de propriété ait été dénié au demandeur qui fondait sa demande sur une usucapion, par exemple, la revendication de la même chose, même fondée sur une cause différente, telle que la tradition, et introduite postérieurement en justice, serait repoussée en vertu de l'autorité du premier jugement.

Cette distinction est formulée d'une manière nette et précise dans les textes suivants, que nous réunissons ensemble, et à l'aide desquels il nous sera facile d'exposer la véritable théorie qui gouverne cette importante matière : « *Actiones in personam ab actionibus in rem in hoc differunt, quod, cum eadem res ab eodem mihi debeatur, singulas obligationes singulæ causæ sequuntur, nec ulla earum alterius petitione vitiatur; at cum in rem ago, non expressa causa ex qua rem meam esse dico, omnes causæ una petitione adprehenduntur: neque enim amplius quam semel res mea esse potest; sæpius autem deberi potest* (1). »

Un autre fragment d'Ulpien s'exprime ainsi :

« *Itaque adquisitum quidem postea dominium aliam causam facit, mutata autem opinio petitoris non facit. Ut puta opinabatur ex causa hereditaria se dominium habere; mutavit opinionem, et cepit putare ex causa donationis: hæc res non parit petitionem novam; nam qualecumque et undecumque dominium adquisitum habuit vindicatione prima in judicium deduxit* (2). »

Ces deux textes de Paul et d'Ulpien établissent nettement la différence des règles qui régissent les actions *in personam* et les actions réelles ; nous trouvons dans d'autres fragments du Digeste des applications de chacune de ces règles. Ainsi, en ce qui concerne les actions personnelles, le demandeur qui réclame un esclave dû en vertu d'une stipulation, et en outre en vertu d'un legs, possède deux actions distinctes et indépendantes l'une de l'autre. Si donc la première est rejetée, l'exception de la chose jugée est impuissante à empêcher l'examen de l'autre. De même, celui qui réclame *cent* dus en vertu d'un *mutuum*, et dont la demande est rejetée, peut ensuite réclamer *cent* en vertu d'un

(1) L. 14, § 2, D., *De exc. rei jud.*
(2) L. 11, § 5, *De exc. rei jud.*

fidéicommis, car ici la cause n'est plus la même. C'est qu'en effet la *eadem quæstio* renferme deux éléments dont la réunion est nécessaire pour la constituer dans son intégrité, et en l'absence de l'un d'eux elle n'existe qu'en apparence, et par suite est impuissante à fonder véritablement l'exception *rei judicatæ*.

Ces deux éléments constitutifs de l'identité de la question de droit dans les deux litiges, nous les trouvons mentionnés dans un fragment du Digeste conçu en ces termes : « *Quum quæritur hæc exceptio noceat necne, inspiciendum est an idem corpus sit, quantitas eadem, idem jus, et an eadem causa petendi, et eadem conditio personarum, quæ nisi omnia concurrunt, alia res est* (1). » Ailleurs, les expressions *corpus idem, quantitas, jus*, sont désignées sous le nom de *eadem res*, terme général qui embrasse tout. Ainsi, l'identité d'objet n'est pas le seul élément de la *eadem quæstio ;* il faut de plus que la demande soit établie sur le même fondement, sur la même cause. A cet égard, il nous faut préciser davantage le sens de cette expression *cause*, pour en comprendre clairement l'étendue et les limites. Pour approfondir ce point de droit, nous nous appuierons encore sur l'autorité des textes, et nous trouverons une source précieuse, à cet effet, dans un fragment de Nératius.

Le jurisconsulte, recherchant les éléments véritables de la *eadem quæstio*, qu'il qualifie de *eadem res* (expression moins précise et moins heureuse que celle de *quæstio*, et que pour cela nous éviterons d'em-

(1) D., l. 12, 13, 14, *De exc. rei jud.*

ployer), signale la cause, le fondement du procès, et il ajoute au mot de *causa* la qualification de *proxima*. Ainsi, cette cause qui doit être identique dans les deux actions, c'est la *causa proxima*, c'est-à-dire la base, le fondement immédiat de la prétention du demandeur ; et il importe de ne pas la confondre avec les diverses circonstances, qui ne sont que des bases médiates et éloignées, de simples moyens, ce que les textes romains appellent *mutatæ opiniones*, et qui ne sont que des éléments accidentels et accessoires, impuissants à constituer la *eadem quæstio*.

C'est au principe immédiatement générateur de l'action qu'il faut s'attacher, comme à un critérium certain, pour déterminer la cause véritable, et il importe, en outre, de ne pas confondre cette dernière cause avec l'objet de la demande. Du reste, il y a un moyen ingénieux et infaillible d'éviter toute erreur ; la cause du rapport de droit litigieux se trouve dans la réponse à cette question : *cur petitur?* l'objet, dans la réponse à cette autre question : *quid petitur?*

Dans les exemples que nous avons cités, la diversité de la cause est évidente et ne peut faire l'objet d'aucun doute; aussi, dans chacune de ces hypothèses, l'exception *rei judicatæ* n'a pas d'application possible. Dans les actions réelles, les règles que nous venons d'établir à l'égard des actions *in personam*, sur le rôle et l'étendue de la *causa proxima*, n'avaient pas en principe d'application. Dans cette classe d'actions, le principe fondamental est que, malgré la différence d'origine, l'exception *rei judicatæ* exerce néanmoins son empire. Les textes que nous avons cités plus haut ne laissent aucun doute sur ce point, et ils s'appliquent non-seulement à la revendication, à l'action de la propriété, mais encore à toutes les actions réelles en général. Ainsi, le demandeur qui intente une action de cette espèce et succombe dans sa demande ne pourrait pas la reproduire plus tard, en lui assignant une origine différente : l'exception de la chose jugée s'opposerait à l'examen de la demande nouvelle, et cela d'après les termes d'Ulpien, qu'il importe de noter : « *Quia neque amplius quam semel res mea esse potest.* » Il n'y a là, du reste, qu'une conséquence logique des règles et du mécanisme de la procédure formulaire. L'*intentio* étant ainsi conçue : *Si paret rem Titii esse*, et le juge ayant dénié le droit de Titius, le juge du second procès, sur l'insertion de l'exception *rei judicatæ* dans la formule, devait vérifier le contenu de la sentence antérieure ; et, comme il y voyait dénié le droit de propriété du demandeur, il était tout naturellement amené à rejeter l'action nouvelle, une même chose ne pouvant, selon l'expression du jurisconsulte, appartenir plus d'une fois au même *dominus*. Tel est le principe général que nous trouvons nettement formulé dans les textes. Hâtons-nous de dire, toutefois, qu'à cette règle si rigoureuse il y a deux exceptions qui en diminuent singulièrement l'importance ; nous allons les examiner soigneusement, afin de mettre dans son vrai jour cette théorie importante. La première exception est motivée par l'existence d'une *causa superveniens* ; la seconde, par celle d'une *causa expressa*.

1° *Causa superveniens.* — Toute décision judiciaire

éveille nécessairement l'idée d'un certain temps dans lequel elle a été rendue, et dans les limites duquel son autorité est évidemment circonscrite ; or, si nous faisions ici, même dans le cas d'un changement ultérieur, une application du principe qui régit les actions réelles, nous aboutirions à ce résultat souverainement inique d'un jugement qui étendrait son influence sur un rapport de droit qui n'existait pas encore à l'époque où il a été rendu, et, par suite, ne pouvait faire l'objet d'une action de la part du demandeur. Ces considérations d'équité n'avaient pas échappé aux jurisconsultes, et ils avaient fait pour ce cas une dérogation à la règle générale, qui devait dès lors s'entendre ainsi : L'autorité de la chose jugée ne s'étend pas aux changements ultérieurs qui peuvent survenir dans l'état des droits, et, par conséquent, une action motivée sur des faits nouveaux ne peut être écartée comme contradictoire d'un jugement antérieur. Cette exception est formellement écrite dans les textes du Digeste, et nous pouvons citer une espèce qui nous en montrera l'application dans la pratique. Quand une action en revendication a été rejetée parce que le juge a dénié le droit du demandeur, si, plus tard, une cause nouvelle survient depuis la décision du premier litige, l'exception *rei judicatæ* est impuissante à en empêcher l'examen. Ce principe, dont nous venons de montrer par cet exemple l'application à la pratique, s'applique également dans le cas d'actions personnelles ; mais son utilité s'y fait bien plus rarement sentir, par suite de la règle inverse qui les régit ; toutefois il est certains cas où il est nécessaire d'y avoir recours : ainsi, par exemple, dans le cas où une action a été écartée par une exception dilatoire.

Ces principes mis en lumière, arrivons à l'examen de la seconde exception, au cas de la *causa adjecta vel expressa*.

2° *Causa adjecta vel expressa.* — Cette dernière exception est la plus importante, et elle a une portée si considérable qu'elle en arrive à réduire à peu près à l'état de lettre morte la règle générale que nous avons formulée plus haut. Son but est de permettre au demandeur de préciser la cause, le fondement de sa demande (par exemple la tradition, s'il s'agit d'une revendication; le droit de succession *ab intestat*, s'il s'agit d'une pétition d'hérédité). Cette exception a un inconvénient, il est vrai, car elle met obstacle à ce que, pendant la durée de l'instance, le demandeur puisse invoquer une autre prétention à l'appui de son droit de propriété; mais elle lui offre en compensation le précieux avantage de pouvoir renouveler plus tard son action, en lui donnant pour base une cause différente. Les textes sur lesquels est fondée cette exception sont tirés de deux fragments d'Ulpien et de Paul, que nous avons déjà cités plus haut (1). La première condition essentielle à sa validité est que chacune des deux actions ait assigné au droit en litige une cause particulière et parfaitement distincte; la forme de réalisation pratique de cette condition première a varié avec les divers systèmes de procédure. D'après le mécanisme de la procédure formulaire, cette restriction

(1) D., l. 11 et 14, *De exc. rei jud.*

devait être évidemment insérée dans la formule. Dans le dernier développement du droit, après l'abolition de l'*ordo judiciorum*, il ne pouvait plus être question de formules ; dès lors, la cause particulière de l'action dut être formellement exprimée, sans qu'il y eût toutefois de termes sacramentels dans l'acte introductif d'instance. Nous allons reprendre l'examen de ce point de droit, et montrer comment cette exception était accommodée aux formes du système formulaire.

A l'origine de cette forme de procédure, en outre de la *legis actio*, qui avait son application devant le tribunal des centumvirs, il y avait deux autres formes usitées dans les questions de droit réel : on agissait *per sponsionem aut per formulam petitoriam*. Dans la procédure de la *sponsio*, l'insertion de l'exception ne souffre aucune difficulté; on comprend sans peine qu'elle pouvait être introduite dans la stipulation. Reste le cas de la *formula petitoria*, et c'est celui qui doit surtout fixer notre attention, car l'antique *sponsio* était peu à peu tombée en désuétude, et les textes du Digeste ne mentionnent que la dernière forme, sous le nom de *rei vindicatio*. Comment cette restriction pouvait-elle être insérée dans la formule ? dans quelle partie de cette formule ? Deux hypothèses sont admissibles. D'abord cette réserve pouvait se trouver dans l'*intentio*, par exemple à la suite de l'expression consacrée : *Si paret hominem Auli Agerii esse*, on pouvait ajouter : *ex causa traditionis*, et cette addition ne changeait pas évidemment la nature de la formule, qui restait toujours *concepta in jus*. Cette conjecture est donc parfaitement admissible. Toutefois il en est une autre qui ressort bien plus naturellement de l'étude approfondie de ce système de procédure et de la connaissance exacte des parties diverses de la formule. Cette supposition, beaucoup plus simple, consiste à exprimer la restriction au moyen d'une *præscriptio*, et les caractères de cet expédient de procédure se prêtent parfaitement à cette idée. Dans ce cas, voici la forme dans laquelle pouvait être conçue cette *præscriptio*. Si, par exemple, on voulait restreindre l'action en revendication au titre de l'usucapion, et par là se réserver les autres causes pour de nouvelles demandes, la prescription devait être conçue ainsi : *Ea res agatur de fundo usucapto*. Nous trouvons de l'analogie avec cette formule dans quelques exemples de *præscriptiones* cités par Gaïus. Maintenant, si l'action en revendication précisée ainsi par cette *præscriptio* était rejetée, et que plus tard l'ancien vendeur voulût intenter une action nouvelle basée sur la mancipation, une autre réserve était indispensable, et cette restriction nouvelle pouvait être conçue en termes généraux, pouvant s'appliquer à d'autres cas ; ainsi, par exemple : *ea res agatur de eadem re alio modo*. A l'appui de cette conjecture, nous pouvons invoquer l'autorité de deux textes de Cicéron qui forment des preuves historiques incontestables de ce fait que, parmi les prescriptions, il y avait une forme spéciale s'appliquant à l'espèce de l'exception qui nous occupe. Ces deux textes sont ainsi conçus :

« *Licet eodem exemplo sæpius tibi hujus generis litteras mittam, tamen non paream operæ, et, ut vos soletis in formulis, sic ego in epistolis, de eadem re alio modo.* »

« *Quæ, cum Zeno didicisset a nostris ut in actionibus præscribi solet, de eadem re egit alio modo.* »

Ainsi nous inclinons de préférence vers cette dernière idée, que c'était sous la forme d'une *præscriptio* qu'était réalisée dans la pratique l'appplication de notre exception. Maintenant, en ce qui concerne cette exception elle-même, nous trouvons au Digeste deux textes qui en prouvent suffisamment la validité ; ils sont ainsi conçus :

« *Denique et Celsus scribit si hominem petiero, quem ob eam rem meum esse existimavi, quod mihi traditus ab alio est, cum ex causa hereditaria is meus esset, rursus petenti mihi obstaturam exceptionem.* »

« *Si quis autem petat fundum suum esse, eo quod Titius eum sibi tradiderit, si postea alia ex causa petat, causa adjecta non debet summoveri exceptione.* »

Ces deux paragraphes se rapportent évidemment à deux cas opposés l'un à l'autre, et c'est ce qu'indique très-bien la conjonction *autem* qui les relie. L'exactitude de cette idée sera bien plus apparente encore après le commentaire que nous allons en présenter. Si je revendique un esclave, croyant l'avoir acquis par tradition, si ma demande est repoussée, et que plus tard je découvre que j'en suis réellement propriétaire par suite d'une succession, l'exception *rei judicatæ* m'empêche de renouveler ma demande ; mais si, au contraire, j'avais exercé d'abord la revendication avec indication expresse de la tradition comme cause spéciale de ma demande, l'exception ne ferait pas obstacle à une action nouvelle de ma part, parce que je ne me suis pas contenté de sous-entendre la cause, mais que je l'ai formulée expressément (*causa expressa*). Tel est le sens qui ressort le plus naturellement de l'examen de ce fragment. On a essayé de soutenir que ces derniers mots du texte s'appliquaient à une cause nouvelle, *causa superveniens;* mais cette interprétation est inadmissible pour deux motifs : d'abord nous avons d'autres textes qui entendent cette expression *causa adjecta* dans le sens d'une addition faite par le demandeur dans la formule, tandis qu'une acquisition nouvelle serait très-improprement désignée par ces mots ; ensuite, parce que ces paragraphes ne seraient que la reproduction purement inutile et oiseuse du § 2 de ce même fragment, au lieu que, d'après notre interprétation, le § 4 exprime une exception différente du second, et le § 5 rappelle la *mutata opinio* pour faire mieux ressortir la différence qui la sépare du *dominium postea adquisitum.*

Notre second texte est emprunté au jurisconsulte Paul, et est ainsi conçu : « *Actiones in personam ab actionibus in rem in hoc differunt, quod, cum eadem res ab eodem mihi debeatur, singulas obligationes singulæ causæ sequuntur, nec ulla earum alterius petitione vitiatur, at cum in rem ago, non expressa causa ex qua rem meam esse dico, omnes causæ una petitione apprehenduntur. Neque enim amplius quam semel res mea esse potest, sæpius autem deberi potest.* » Ce texte exprime la différence que nous avons signalée plus haut entre les actions personnelles et les actions réelles; puis, en dernier lieu, il ajoute qu'il y a une exception à la règle générale qui régit ces dernières : quand, dans sa première action, le demandeur a eu besoin de désigner expressément l'origine spéciale de son droit, alors le rejet de sa demande ne l'empêche pas de former plus tard une autre demande en donnant à son droit une autre origine. Cette interprétation de notre fragment est assurément très-simple et celle qui se présente le plus naturellement à l'esprit ; ce qui achève de la justifier, c'est sa concordance parfaite avec le premier texte d'Ulpien, malgré la différence des termes.

Les adversaires de l'exception ont encore voulu infirmer l'autorité de cette explication, et ils ont prétendu que la formule *non expressa causa* s'expliquait suffisamment ainsi : la base du droit n'étant pas indiquée dans les actions réelles, c'est-à-dire ne pouvant pas être indiquée. Mais cette explication est trop forcée pour être la véritable, et elle est d'autant moins plausible, que si l'exception dont nous soutenons l'existence et la validité avait été inconnue des jurisconsultes, ces expressions : *non expressa causa*, n'auraient pas été ajoutées dans le texte ; il nous est impossible de comprendre, dans le système de nos contradicteurs, l'addition de ces mots. D'ailleurs, à cette argumentation déjà suffisante pour ruiner la doctrine de nos adversaires, nous pouvons joindre encore l'autorité d'un fragment qui offre une analogie remarquable avec la question qui nous occupe. Ce texte est relatif à la *redhibitoria actio*, qui pouvait être fondée sur différents vices de la chose ; si le demandeur voulait se réserver l'avantage de renouveler son action, après l'avoir exercée à l'occasion d'un vice déterminé de la chose, il devait avoir recours à une prescription (1). Il est impossible de nier le lien d'ana-

(1) D., l. 48, § 7, *De ædil. ed.*

logie qui relie ce cas au sujet qui nous occupe, et, comme le même besoin se fait sentir dans les deux hypothèses, il nous semble logique de conclure que la *præscriptio* est le remède qui doit également s'appliquer aux deux cas. Telle est, à notre avis, la véritable théorie juridique qui régit cette matière. Il ne nous reste plus maintenant qu'à étudier le deuxième et dernier élément de l'autorité de la chose jugée : l'identité des parties.

SECTION II.

IDENTITÉ DES PERSONNES.

(Inter easdem personas.)

Il ne suffit pas, pour l'application de l'autorité de la chose jugée, que la question de droit soit identique dans les deux litiges ; il faut en outre qu'elle soit agitée entre les mêmes parties. Ce n'est qu'à cette double condition que peut être efficace l'exception *rei judicatæ ;* il faut qu'il y ait dans les deux procès *eadem quæstio inter easdem personas*. C'est qu'en effet l'autorité d'une décision judiciaire est essentiellement relative, et cette règle juridique, si importante et si féconde en conséquences pratiques, repose sur des considérations de l'ordre le plus élevé.

La formule de ce principe est ainsi conçue : *Res inter alios judicata aliis neque nocere, neque prodesse potest*. Tout débat judiciaire formé entre les plaideurs un lien juridique spécial, *judiciis quasi contrahimus*, un quasi-contrat judiciaire, qui est essentiellement personnel : ainsi dans l'hypothèse où les doutes pourraient surtout se donner carrière, dans le cas d'une action réelle portant sur un rapport de droit absolu et exclusif de sa nature, dans la revendication du fonds Cornélien, par exemple, si Primus triomphe à l'encontre de Secundus parce que le droit de propriété est reconnu exister en sa personne, il semble, au premier abord, que ce droit est définitivement fixé au profit de Primus ; mais que Tertius intervienne et revendique à son tour contre lui, sa demande ne saurait être écartée par l'exception *rei judicatæ*, et rien ne peut faire obstacle à ce qu'il triomphe dans le débat sur l'ancien demandeur. C'est qu'en effet, dans la première instance où ont été contradictoirement débattues les prétentions adverses de Primus et de Secundus, Tertius n'était pas présent, il était entièrement étranger au procès, et nul ne saurait revendiquer à son profit le privilége étrange de compromettre par négligence ou par mauvaise foi, peut-être, les droits légitimes des tiers.

Cette règle salutaire que nous venons d'établir protége donc les droits d'autrui et en forme la plus puissante garantie : *res inter alios judicatæ neque emolumentum afferre his qui judicio non interfuerunt, neque præjudicium solent irrogare* (1). L'autorité de la chose jugée repose, en effet, essentiellement sur la présomption de vérité de la décision du juge ; or cette déci-

(1) L. 2, C., *quibus res jud.*

sion, d'après les principes que nous venons d'établir, est toute relative, et l'obligation qui dérive de l'instance judiciaire ne peut s'étendre à des tiers étrangers au procès et qui n'ont pas pu y intervenir pour défendre, dans un débat contradictoire, leurs intérêts menacés.

Ainsi il faut, pour qu'il y ait lieu à l'autorité de la chose jugée, que la question de droit soit élevée entre les mêmes personnes qui étaient parties dans le litige antérieur. Il nous reste donc à établir les conditions auxquelles est subordonnée l'identité des personnes, l'identité subjective, afin de déterminer exactement les cas dans lesquels il est juste d'appliquer l'exception de la chose jugée.

A cet égard, ce serait une erreur profonde de croire que cette expression d'identité des personnes doit s'entendre en ce sens qu'elle s'applique à une identité purement physique et tout extérieure : la véritable théorie de cette matière est que les personnes sont considérées ici à un point de vue juridique et légal ; et nous allons rendre cette distinction sensible par un exemple. Qu'un tuteur plaide au nom de son pupille en revendication d'un immeuble et succombe, si plus tard, agissant pour lui-même et en son nom propre, *proprio nomine*, il intente une revendication nouvelle du même immeuble, l'exception de chose jugée ne peut faire écarter l'examen de sa demande : il n'y a pas là, en effet, l'identité de personnes exigée par les règles de cette matière ; physiquement, il est vrai, c'est la même individualité, la même personne extérieure qui figure dans les deux procès ; mais au point de vue juridique et légal, il y a là une double personnalité, et dès lors il n'y a plus l'identité des personnes, *inter easdem personas*, telle que l'entendent les principes véritables du sujet. Dans le premier litige, en effet, le tuteur ne figurait dans l'instance que comme le mandataire, le représentant légal de son pupille; il n'était que l'instrument de ce dernier, et c'était le pupille qui, légalement, juridiquement, était partie au procès : par conséquent, en revendiquant en son propre nom le même immeuble dans une action nouvelle, le tuteur revêt une personnalité juridique différente, puisque, dans le premier cas, c'était le pupille, dans le second c'est le tuteur qui sont légalement parties intéressées dans l'instance. Il n'y a donc pas, dans les deux procès, identité de personnes; il en est de même quand un mandataire, un gérant d'affaires, soutiennent un procès au nom du mandant ou du *dominus*.

La même distinction peut encore se présenter à un autre point de vue : ainsi dans l'espèce suivante. Titius revendique le fonds Cornélien et succombe; plus tard, il intente une revendication nouvelle contre l'ancien défendeur, au sujet de ce même immeuble, en se fondant sur le titre d'héritier de Seïus, titre qui lui est échu postérieurement au premier litige : il n'y a pas là l'identité de personnes de notre matière, l'identité juridique, légale; car Titius, dans l'action nouvelle, agit en vertu d'une qualité différente; il revêt une personnalité juridique tout autre que la première, la personnalité du *de cujus* qui est venue se poser sur sa tête. Du reste, si la même personne physique peut, dans certains cas déterminés, représenter une double personnalité légale, il peut arriver, en sens inverse, qu'il y ait identité juridique des parties, *eadem conditio personarum*, malgré la diversité physique des personnes. Ainsi, en retournant notre premier exemple, le pupille, le mandant et le *dominus rei*, dans le cas de la gestion d'affaires, ne pourraient soulever, dans un procès, une action relative à la question de droit qui aurait déjà été jugée avec le tuteur, le mandataire ou le gérant d'affaires, sous peine de se voir opposer l'exception de chose jugée, car ils étaient juridiquement les véritables personnes du premier procès.

Ces exemples sont suffisants pour faire comprendre la portée de cette expression : identité de personnes, identité des sujets des rapports de droit, selon la formule des jurisconsultes allemands. Nous allons approfondir encore cette matière importante, et examiner certaines extensions de l'autorité de la chose jugée à des personnes qui ne figuraient pas au procès. On a divisé ce sujet en deux catégories, selon qu'il s'agit de ce qu'on a appelé une extension naturelle, ou une extension extraordinaire de l'exception de la chose jugée. Nous allons successivement étudier chacune de ces divisions, qui formera l'objet d'un paragraphe spécial.

§ I.

Extension naturelle de l'autorité de la chose jugée.

L'extension dont il s'agit dans ce paragraphe est celle qui se produit dans le cas de succession d'une personne à une autre. Il importe donc, pour établir nettement les règles de cette matière, d'exposer sommairement les principes du droit de succession.

Envisagée à un point de vue général, l'idée de succession se rapporte à un changement résultant de la substitution d'un sujet à un autre dans l'état des droits, et c'est ce qu'indique assez clairement, du reste, la nature même du mot *subcedere* (venir après) : le fait juridique, générateur du résultat que nous venons de signaler, se nomme succession. Il faut bien remarquer que le changement unique qui se produit porte sur les personnes ; quant au droit en lui-même, il reste identiquement le même, après comme avant, dans ses effets et dans sa nature propre ; seulement il repose sur la tête d'un sujet nouveau auquel il a été transmis par l'ancien ayant-droit. Peu importe, du reste, la nature de droits auxquels s'applique cette transmission juridique, droits d'obligations, de créances ou droit réel, droit de propriété et ses divers démembrements. Mais ce qu'il est essentiel de noter, c'est que la transmission doit être immédiate, sans *tractus temporis*, pour qu'on puisse dire qu'il y a succession d'une personne à une autre. Maintenant, ce fait juridique ainsi caractérisé revêt, dans ses manifestations extérieures, deux formes bien distinctes qui ont amené une division en deux grandes classes :

1° Les successions universelles, *in universum jus*, portant sur un ensemble de droits considérés en masse, *in globo*, et dans lesquels les biens individuels ne figurent que médiatement, comme parties intégrantes de l'ensemble abstrait qui forme l'objet direct de la succession ; et 2° les successions à titre particulier, *in re singulari*, dont le trait distinctif est de ne s'appliquer qu'à une chose, à un objet considéré individuellement. Examinons ces deux classes de successions au point de vue de notre sujet.

L'extension de l'autorité de la chose jugée aux successeurs universels des parties est une conséquence nécessaire des principes mêmes sur lesquels repose toute transmission *in universum jus*. Dans un tel ordre de succession, en effet, la personnalité juridique tout entière de l'auteur, avec ses droits et ses obligations, se dégage de ce dernier pour se poser sur la tête de son ayant-cause, de son successeur, qui continue sa personne et s'identifie juridiquement avec lui ; cette conséquence est si évidente, que les textes n'en fournissent aucune mention spéciale. Du reste, dans une telle situation, il faut bien remarquer que ce principe s'applique également tant aux jugements qui ont été rendus au profit de l'auteur, qu'à ceux qui lui ont été nuisibles ; dans tous les cas, l'autorité du jugement s'étend aux successeurs universels des parties. L'autorité de la chose jugée s'étend également aux successeurs *in re singulari*, aux successeurs à titre particulier, et, dans ce cas, il n'y a pas à distinguer non plus entre les jugements rendus au profit de celui dont le successeur est l'ayant-cause direct et ceux qui lui ont été nuisibles : la règle que nous avons posée s'applique dans sa généralité à toutes les hypothèses ; nous avons des textes qui en fournissent la preuve, entre autres le suivant : « *Exceptio rei judicatæ nocebit ei qui in dominium successit ejus qui judicio expertus est* (1). » D'autres textes nous montrent des applications de cette règle, notamment au cas de vente.

Ces conséquences dérivent logiquement des principes que nous avons exposés sur le caractère véritable du droit de successior ; dans l'espèce de la vente, l'exception *rei judica*... appartient au vendeur Titius contre Secundus, qui a réclamé contre lui la chose vendue et dont la demande a été rejetée, se transmet à Primus, l'acheteur. Cette exception, en effet, est inhérente à la chose vendue ; elle constitue sa garantie, elle protège le droit de propriété du vendeur : or ce droit, en passant sur la tête de l'acquéreur, est resté identiquement le même, tel quel, avec les mêmes garanties qui le protégeaient et qui constituent sa manière d'être. Mais, pour qu'il y ait lieu à cette extension de l'autorité de la chose jugée, il faut nécessairement que la succession soit postérieure au jugement; que si elle était antérieure à la sentence du juge, si, pour continuer notre espèce, l'acheteur avait obtenu la tradition de l'immeuble à une époque précédente, il n'en serait plus ainsi, et il y aurait, dans ce cas, *res inter alios judi-*

(1) D., l. 28, *De exc. rei jud.*

cata. Au moment du jugement, en effet, l'acheteur était propriétaire, et par conséquent son vendeur n'était plus qu'un tiers relativement à l'immeuble, et il ne pouvait lui appartenir de compromettre le droit légitime de propriété qui résidait en la personne de l'acheteur.

L'extension de l'autorité de la chose jugée a lieu aussi pour d'autres classes d'ayants-cause, par exemple les créanciers chirographaires. En suivant la foi de leur débiteur, en n'exigeant de lui aucune sûreté particulière, ils l'ont tacitement constitué leur mandataire, leur représentant légal dans les procès qu'il pourrait avoir à soutenir relativement à son patrimoine, sur lequel ils n'ont qu'un gage général, et, sauf le cas de fraude, ils doivent accepter les conséquences de tous les jugements relatifs à ses biens.

Mais *quid juris* en ce qui concerne les créanciers hypothécaires? Ici, nous croyons que la solution doit être différente, et que le créancier hypothécaire n'est qu'un tiers à l'égard des jugements rendus avec le débiteur, concernant l'immeuble hypothéqué. Le créancier, en exigeant cette sûreté particulière, n'a pas entièrement suivi la foi de son débiteur; il a pris une précaution contre lui: dans cette situation, il ne se peut pas que les sûretés prises par lui puissent être compromises et annihilées par celui-là même contre lequel elles ont été dirigées.

A l'égard des *correi promittendi aut stipulandi*, il faut faire une distinction entre les diverses époques de la procédure. Une chose remarquable à noter, c'est que, sur une matière d'un intérêt pratique si important, c'est à peine si l'on trouve une solution dans les textes du Digeste. La raison de cette singularité consiste en ce qu'à l'époque primitive, au temps où la fonction négative de l'exception *rei judicatæ* était la seule usitée, le principe de la consommation de l'action simplifiait la question, et la solution à donner ne pouvait faire l'objet d'aucun doute.

La question à résoudre, en effet, se pose ainsi : la chose jugée avec l'un des *correi stipulandi* ou *promittendi* l'est elle avec tous? en autres termes, chacun d'eux a-t-il mandat à l'effet de représenter les autres dans un procès ? Or, à cette époque de l'antique forme de l'exception, l'action, une fois parvenue à la *litis contestatio*, était anéantie *ipso jure:* il ne pouvait donc être question de la renouveler. Mais, dans le dernier état du droit, au temps de Justinien, où la fonction positive était seule en usage, la question est plus délicate. Quant à nous, nous pensons que les *correi stipulandi* ou *promittendi* sont les mandataires les uns des autres, de manière que chacun d'eux représente tous ses *correi* dans les jugements favorables, mais cesse de les représenter, et n'est plus qu'un tiers dans les autres jugements qui leur seraient nuisibles.

Il est vrai qu'à l'égard des *correi stipulandi*, on a prétendu que l'ancien principe de la consommation de l'action subsistait toujours, et que, par conséquent, l'action une fois exercée par l'un des *correi* était anéantie ; mais nous ne saurions nous ranger à cette doctrine. Il est vrai que la célèbre loi 28 au Code, *De fidejussoribus*, qui abroge formellement l'ancien principe que nous venons de signaler, ne fait allusion qu'aux *correi promittendi ;* mais nous croyons que cette abrogation a été générale, et que la conséquence que nous en avons tirée relativement aux *correi stipulandi* est la seule juridique.

Quid en ce qui concerne les simples codébiteurs solidaires, *in solidum?* Dans ce cas, il n'y a plus, comme pour les *correi*, unité d'obligation, mais autant d'obligations distinctes que de personnes; par suite, dans l'ancien droit, le principe de la consommation de l'action n'avait aucune application possible, et, dans le droit nouveau, la chose jugée avec l'un des codébiteurs *in solidum*, *est res inter alios judicata* à l'égard des autres.

Les *mandatores pecuniæ credendæ* sont compris dans cette catégorie de codébiteurs *in solidum*. La solution que nous venons de donner s'applique donc nécessairement à eux (1).

En ce qui concerne le *fidejussor*, nous avons des textes qui établissent formellement l'existence d'une représentation légale du fidéjusseur par le débiteur principal, et réciproquement, mais seulement dans le cas de jugements favorables, car dans les autres chacun d'eux n'était plus qu'un tiers vis-à-vis de l'autre, et dès lors le jugement était *res inter alios judicata;* mais pour cette représentation, il fallait, bien entendu, qu'il s'agît d'une exception commune au fidéjusseur et au débiteur principal.

Arrivons maintenant à notre seconde catégorie d'extensions de la chose jugée, à ce que quelques com-

(1) D., l. 42, *De jurej.*

mentateurs ont appelé les extensions positives de l'autorité de la chose jugée.

§ II.

Extensions positives.

La doctrine généralement adoptée à l'égard des cas particuliers qui vont faire l'objet de notre examen est qu'il y a en cette matière une dérogation considérable aux principes de droit commun, en ce sens que la décision judiciaire, qui, en général, est purement relative, et fait seulement *jus inter partes*, est ici absolue et fixe définitivement le droit litigieux; en un mot, elle fait *jus inter omnes*. Nous pouvons ranger en trois catégories principales notre sujet. En premier lieu, nous examinerons les actions qui se rapportent à l'état d'une personne, *status*, ce que nous appelons questions d'état; en second lieu, certaines actions relatives au droit de succession; enfin, les actions relatives à la garantie. Occupons-nous d'abord des questions d'état.

Questions d'état. — On désigne sous ce nom générique les actions qui se rattachent à l'état des personnes, *status*, à leur condition sociale considérée au point de vue du droit de famille : telles, par exemple, que les questions de filiation, de légitimation, d'adoption, etc., toutes actions qui, dans le droit romain, portaient le nom de questions préjudicielles, *præjudicia*, parce qu'au temps de la procédure formulaire elles offraient cette singularité remarquable de ne renfermer purement et simplement qu'une *intentio*, et qui à cause de cela étaient appelées *præjudicia*, comme préjugeant la question pour l'avenir, pour l'efficacité d'un litige futur; toutes questions, du reste, d'une importance considérable et d'un intérêt de l'ordre le plus élevé. C'est pour cette classe d'actions que l'autorité de la chose jugée offrirait, d'après l'opinion commune, des règles exceptionnelles, en ce que la présence d'un *justus contradictor* aurait pour résultat d'étendre l'efficacité du jugement à des personnes qui n'auraient pas été parties au procès, et n'y auraient même pas été légalement représentées, dans le sens que l'on attache ordinairement à ce mot; où la décision du juge aurait cette puissance inusitée de faire *jus inter omnes*.

Nous allons citer les textes principaux sur lesquels s'appuie cette théorie (1). Le premier est relatif à un procès sur la légitimité d'un enfant, dans lequel le père proteste et attaque la présomption de paternité : le jugement rendu dans ces conditions s'étend à tous les membres de la famille, et cela parce que « *placet ejus rei judicem jus facere* (2). » De même, quand un procès sur l'état d'un affranchi a été soutenu par le patron véritable, le jugement qui intervient à cet égard fait *jus inter omnes*, a une autorité générale, *quia res judicata pro veritate accipitur*. Dans ces deux fragments, nous trouvons au procès la présence du contradicteur légitime, du *justus contradictor*, le père dans le

(1) L. 1, 2 et 3, *De agnosc. lib.*
(2) D., l. 25, *De statu hom.*

premier cas, le patron véritable dans le second ; en outre, le débat est contradictoire, et, en dernier lieu, on n'allègue aucune fraude, aucune collusion entre les parties. Lorsque toutes ces conditions sont réunies, l'exception rentre dans la plénitude de ses effets, le droit est définitivement fixé, la décision du juge fonde un droit immuable.

Telle est cette théorie célèbre des contradicteurs légitimes en matière de questions d'état ; il y a là ce qu'on a appelé une exception positive aux principes de droit commun sur l'autorité des jugements. Quant à nous, nous ne saurions nous ranger à cette doctrine ; nous croyons qu'il n'y a en cette matière aucune dérogation aux règles ordinaires, et nous espérons pouvoir démontrer que les résultats exceptionnels qui se produisent en ce sujet dérivent des règles exceptionnelles, relatives à cette matière des questions d'état, et non pas d'une extension *sui generis* de l'autorité de la chose jugée.

Nous allons reprendre successivement les deux textes principaux sur lesquels on a essayé d'élever cette théorie, pour en présenter une explication que nous croyons la seule véritablement juridique. Précisons bien l'espèce à laquelle se rapporte le premier fragment.

Il s'agit d'une action en désaveu : le mari attaque l'enfant issu de sa femme, et dont il rejette la paternité ; le jugement qui admet ou rejette le désaveu a une autorité générale, ainsi que le déclare formellement le texte : *placet enim ejus rei judicem jus facere.* Telle est la solution formellement donnée par cette loi, et nous nous empressons de reconnaître que le droit ainsi établi par ce jugement est désormais immuable : la décision judiciaire intervenue à cet égard a fait *jus inter omnes*. C'est là le terrain commun sur lequel nous nous rencontrons avec nos adversaires.

Mais d'où dérive ce résultat exceptionnel ? quelle en est la cause véritable ? C'est sur ce point que nous nous séparons de la doctrine adverse. D'après elle, il y aurait, en cette matière, une extension extraordinaire de l'autorité de la chose jugée ; nous pensons, au contraire, qu'il n'y a rien là que de conforme au droit commun, et il nous sera facile de le démontrer, en nous abritant derrière ce syllogisme dont l'autorité nous semble inexpugnable. Pour intenter une action en justice, une double condition est nécessaire : en premier lieu, il faut un intérêt certain, en outre il faut avoir qualité à cet effet ; or, en cette matière du désaveu, la loi, par des considérations de l'ordre le plus élevé, a créé une présomption protectrice de la famille légitime, la présomption *Pater is est quem nuptiæ demonstrant*. Cette fiction constitue l'état véritable de l'enfant issu en mariage, et le protége envers et contre tous. Une seule personne, le mari, a reçu mandat du législateur à l'effet d'attaquer l'autorité de cette présomption, en rejetant la paternité de l'enfant issu de sa femme ; le jugement rendu sur l'action du père, et qui admet ou rejette le désaveu, est donc nécessairement investi d'une autorité définitive et immuable : *jus facit inter omnes ;* et cela par une raison toute simple : c'est que le père seul avait qualité, à l'exclusion de tous autres, pour attaquer l'état de l'enfant. Il est vraiment le contradicteur légitime, le *justus contradictor*, seul député de la loi à l'effet de contester cette filiation. Nous ne trouvons là rien que de conforme au droit commun, et il n'est pas besoin, pour justifier cette solution, d'invoquer une prétendue extension *sui generis* de l'autorité de la chose jugée qui n'existe aucunement. Le dernier texte qui reste encore pour soutenir cette théorie chancelante se rapporte au cas où le patron véritable, ou celui qui se prétend tel, a soutenu un procès sur l'état d'un affranchi. Dans ce cas, le jugement qui proclame l'ingénuité du défendeur ou sa qualité d'affranchi a l'autorité de la chose jugée, « *quia res judicata pro veritate accipitur*, » même vis-à-vis des tiers, par exemple quand il s'agit de la validité d'un mariage ou de la capacité de recueillir une succession.

Telle est la décision contenue dans cette loi, et nous ne trouvons encore dans cette espèce qu'une application des règles du droit commun. Nous avons posé en principe, pour la légitimité d'une action judiciaire, la nécessité de cette double condition, intérêt et qualité ; les tiers, qui n'ont ni intérêt ni qualité pour contester l'état d'une personne qu'un jugement a déclaré ingénue, doivent donc nécessairement accepter l'autorité de ce jugement, et ce point ne saurait être contesté. Pour que la théorie de la représentation légitime fût exacte, il faudrait que l'autorité de ce jugement qui a proclamé l'ingénuité du défendeur s'appliquât même au cas où un tiers se présenterait en se déclarant en tout ou en partie le maître de celui qui a été déclaré ingénu. Or ce résultat est formellement démenti par deux textes du Digeste relatifs à un procès sur la *causa liberalis* (1), qui décident très-nettement que cette matière était régie par les principes du droit commun. Ainsi la loi 9 renferme une exposition remarquable des vrais principes juridiques de ce sujet, et elle décide, dans le § 1er, que s'il y a plusieurs maîtres, *duo pluresve domini*, et que quelques-uns soient absents au moment du procès sur la *causa liberalis*, ces derniers ne sauraient être contraints d'accepter l'autorité d'une sentence qui est pour eux *res inter alios acta, quia non debet alterius collusione aut inertia alteri jus corrumpi, sed incorruptum manere.*

Voilà les vrais principes, et la doctrine adverse croule d'elle-même en présence de ces textes si décisifs. Ainsi donc il faut repousser, comme contraire à la vérité, toute idée d'extension de l'autorité de la chose jugée en matière de questions d'état.

Nous déciderons de même en ce qui concerne le cas d'action en garantie, et il est étrange que quelques jurisconsultes aient cru trouver en ce sujet une extension extraordinaire des effets de la chose jugée. Quand, par exemple, celui qui joue dans un procès le rôle de défendeur est l'ayant-cause d'une autre personne de laquelle il tient immédiatement, en qualité de successeur, le droit qui fait l'objet du litige, il peut, au cas où il viendrait à succomber, recourir en garantie contre son auteur; ce dernier est donc directement intéressé au procès, et le garanti peut réclamer son assistance, ou même se retirer du débat en lui abandonnant le soin de soutenir lui-même le procès. Dans ce dernier

(1) L. 9 et 30, *De causa liberali.*

cas, le garanti cesse d'être partie dans l'instance : on pourrait donc croire que le jugement doit être, à son égard, *res inter alios judicata;* mais il n'en saurait être ainsi cependant, et la raison en est facile à comprendre : c'est qu'en appelant le garant en cause, il le constituait tacitement son mandataire, son représentant légal; il acceptait donc ainsi pour l'avenir les conséquences du jugement à intervenir sur le litige. Il n'y a donc encore en cette matière qu'une application des principes généraux sur les effets de la chose jugée.

Nous allons maintenant examiner des textes qui renferment une extension exceptionnelle de l'autorité de la chose jugée : ainsi, d'abord, dans l'hypothèse suivante, relative à un cas de succession (1). Quand il y a procès sur la validité d'un testament entre l'héritier testamentaire et l'héritier *ab intestat*, la sentence rendue entre eux étend son autorité à ceux qui tiennent leurs droits du testament en qualité de légataires, d'affranchis. Dans ce cas on dit que « *judex jus facit*, » toujours sous la condition d'un débat contradictoire et de l'absence de toute collusion entre les parties. Les légataires et les affranchis ont pour garantir leurs intérêts la faculté d'intervenir au procès, même d'appeler du jugement qui leur préjudicie.

A cet exemple nous pouvons en joindre un autre, relatif au cas d'actions *confessoria* ou *negatoria*, quand il s'agit d'un droit appartenant à plusieurs copropriétaires.

Voici les règles spéciales qui s'appliquent à cette es-

(1) L. 3 pr., *De pignor.*; l. 50, § 1, *De leg.*, 1°.

pèce particulière. Si l'un des copropriétaires d'un droit de servitude exerce l'action *confessoria* et succombe, l'effet de la sentence d'absolution s'étend même à ses copropriétaires; ces derniers ont seulement, s'ils n'ont pas eu connaissance du litige, le droit d'agir pour se faire indemniser du préjudice que leur cause le jugement par celui qui a soutenu le procès. La même solution s'applique au cas où le fonds servant appartient à plusieurs propriétaires, au cas d'action *negatoria*.

Malgré le respect que nous professons pour les jurisconsultes romains, nous ne pouvons nous incliner devant l'autorité de ces textes, et il nous est impossible d'énoncer de telles solutions sans protester au nom des vrais principes juridiques. Il ne faut pas, en effet, infirmer, même dans des cas exceptionnels, l'autorité de la règle fondamentale de la personnalité, des effets essentiellement relatifs des jugements, et compromettre ainsi les intérêts légitimes des tiers, et cela par des considérations plus ou moins spécieuses d'utilité pratique. Aussi Cujas, qui a exposé sur ce point les véritables principes, a-t-il cherché à contester l'interprétation que nous avons adoptée des textes cités en cette matière, et il a soutenu que le jugement rendu était *res inter alios judicata* à l'égard des autres propriétaires. Mais cette explication est trop contraire aux textes pour que nous puissions l'accepter; d'ailleurs un autre fragment relatif à l'action *pluviæ arcendæ* (1) étend également les effets de la chose jugée à des tiers étrangers au procès. Mais cette doc-

(1) L. 11, § 7, *De aqua et aq. pluv.*

trine du droit romain est contraire aux vrais principes ; car il est impossible de soutenir que les copropriétaires ont été valablement représentés au procès par un seul d'entre eux, et cette circonstance qu'il s'agit dans l'espèce d'un droit de servitude indivisible ne peut avoir la vertu d'engendrer une sorte de mandat légal au profit d'un des copropriétaires à l'effet de représenter les autres dans le litige.

DROIT FRANÇAIS.

DROIT FRANÇAIS.

DE L'AUTORITÉ DE LA CHOSE JUGÉE.

(Art. 1351.)

La souveraineté de la justice est une des bases premières, une des assises fondamentales de toute civilisation. La justice sociale plane au-dessus des intérêts divers et multiples qui passionnent et divisent les hommes, et elle courbe tout sous son niveau suprême; c'est-à-dire que, quand les magistrats, investis par l'autorité légitime du pouvoir de juger, ont accompli leur mission sacrée de dire le droit, — *dicere jus*, — de rendre à chacun ce qui lui appartient, — *jus suum cuique tribuere*, — leur décision est investie d'une autorité définitive, elle est abritée à l'avenir derrière la fiction toute-puissante de vérité, et il ne reste aux parties qu'à s'incliner respectueusement devant elle. Que s'il en était autrement, si les droits reconnus et consacrés par les sentences des juges pouvaient être éternellement remis en question, si d'avides agitateurs de procès pouvaient attaquer à leur gré les jugements, c'en serait fait de la majesté de la justice : les droits les plus légitimes seraient perpétuellement menacés et compromis, le repos et la tranquillité des familles ne seraient plus qu'un vain mot, et la société, qui n'est autre chose que l'agrégation, la réunion de toutes les familles, serait fatalement condamnée à une oscillation perpétuelle. De là, de cette nécessité d'un principe conservateur de l'ordre social, est dérivée cette antique et salutaire maxime que nous a léguée, à travers les âges, la sagesse romaine : *Res judicata pro veritate accipitur* : la chose jugée est considérée comme l'expression de la vérité ; vérité *sui generis*, qui n'est pas la vérité absolue et philosophique, mais une vérité toute relative, la vérité judiciaire.

Cette fiction de vérité, qui est désignée sous le nom d'autorité de la chose jugée, c'est la présomption d'infaillibilité du juge décrétée par le législateur. Au premier abord, cette présomption semble souverainement injuste : si instruit, en effet, si bien choisi que soit le juge, il n'en est pas moins homme, et comme tel susceptible de se tromper ; et par suite cette prétendue infaillibilité juridique paraît n'être qu'un mensonge officiel, une iniquité décrétée par l'orgueil et la vanité des législateurs. Mais si l'on songe que, dans cette matière, on se trouve placé inévitablement entre deux écueils : d'une part, l'erreur possible du juge ; de l'autre, l'incertitude des droits, ce reproche imprudent et irréfléchi se changera en admiration pour la sagesse d'une institution si salutaire. C'est qu'en effet l'erreur du juge est un mal inévitable dans tous les systèmes possibles ; la justice parfaite n'est qu'un idéal auquel il n'est pas donné aux hommes d'atteindre : être imparfait, fini, l'homme ne peut que se rapprocher le plus possible de cette perfection que sa raison divine lui montre, sans espoir de l'acquérir jamais.

Bien autrement funeste serait l'incertitude des droits : la société serait atteinte dans ses fondements les plus intimes si les droits de chacun de ses membres n'étaient pas protégés contre des attaques incessantes. Les sociétés, en effet, ont besoin, pour se développer dans toute leur puissance, d'être constituées solidement, d'être assises sur des bases fixes, et l'institution de l'autorité de la chose jugée répond à ce besoin. C'est ce grand principe protecteur des jugements qui forme l'objet de notre étude, et certes c'est là une des matières les plus considérables, sinon la plus importante, du droit civil tout entier. Et pourtant, chose remarquable, notre Code est sur ce point d'un laconisme désespérant. Un seul texte, l'art. 1351, renferme tous les principes de la matière, et c'est en nous appuyant sur une base aussi étroite et aussi insuffisante qu'il nous faudra résoudre les difficultés les plus graves qui pourront se présenter.

La théorie que nous nous proposons d'exposer à cet égard se rattache exclusivement au droit civil ; nous laisserons en dehors tout ce qui appartient à la législation administrative et criminelle, et le champ ainsi limité est encore assez vaste par lui-même pour suffire à notre tâche. Nous diviserons notre sujet en deux parties principales. Dans la première, nous établirons les conditions nécessaires à l'existence de l'autorité de la chose jugée ; ensuite nous nous occuperons, dans la seconde et dernière partie, des effets de l'institution pour l'avenir, comme protectrice du contenu des jugements, et des éléments nécessaires à cet égard.

PREMIÈRE PARTIE.

CONDITIONS DE L'AUTORITÉ DE LA CHOSE JUGÉE

SECTION UNIQUE.

CONDITIONS RELATIVES A LA FORME.

Le premier objet de notre étude sera l'examen des conditions que doit remplir un jugement pour être investi de l'autorité de la chose jugé. A cet égard, il est nécessaire de faire une légère digression dans le domaine de la procédure. Nous avons établi plus haut qu'en cette matière le législateur, placé entre deux maux : l'incertitude des droits et le maintien possible d'un jugement erroné, avait cru devoir, par des considérations d'une sagesse incontestable, se résigner à ce dernier inconvénient. Toutefois on ne se faisait aucune illusion sur l'importance de ce danger funeste des mauvais jugements, fruits de l'ignorance ou de la mauvaise foi possible du juge ; et la meilleure voie à prendre, dans une pareille situation, était de remédier le plus possible à cet état de choses, en renfermant dans des limites étroites les chances d'erreurs judiciaires.

Les moyens les plus efficaces pour atteindre un

pareil résultat consistent dans un choix convenable de juges instruits, dans l'institution de tribunaux composés d'un certain nombre de juges, et surtout dans l'établissement de plusieurs degrés de juridiction successifs. Une telle organisation judiciaire offre de précieux avantages : un nouveau débat, en effet, ne peut qu'approfondir la question de droit qui fait l'objet du litige et y apporter une clarté nouvelle ; les lumières plus grandes des juges de dernier ressort forment encore une garantie de plus. Aussi avons-nous peine à comprendre que ces formes savantes et si éminemment protectrices des droits privés aient été l'objet de critiques assez vives de la part de quelques jurisconsultes. Ulpien, par exemple, semble élever des doutes sur le mérite de l'institution de l'appel. Ainsi, après avoir dit : « *Appellandi usus quam sit frequens, quamque necessarius nemo est qui nesciat, quippe cum iniquitatem judicantium vel imperitiam recorrigat,* » il ajoute cette phrase : « *Licet nonnunquam bene latas sententias in pejus reformet, neque enim utique melius pronuntiat qui novissime sententiam laturus est* (1). »

Cette critique peut être tout au moins taxée d'inconséquence, et nous ne saurions l'approuver. Sans doute, le juge du second degré peut se tromper quelquefois ; mais il faut avouer que c'est là le cas le plus rare, et d'ailleurs les institutions les meilleures ont toutes leur part d'inconvénients. Les raisons que nous avons données sur l'utilité, sur les précieux avantages d'une telle organisation judiciaire, nous semblent con-

(1) L. 1, D., *De appellationibus.*

cluantes, et ces considérations accessoires et purement secondaires ne doivent pas nous arrêter.

Ces idées théoriques sur l'organisation d'une hiérarchie judiciaire ont été réalisées dans nos institutions modernes, et nous les trouvons appliquées dans notre Code de procédure ; pour désigner cette série d'examens successifs du même droit litigieux, on a employé les expressions « d'instances, de degrés de juridiction. » Il y a dans notre droit deux degrés d'instances : la première et la seconde; c'est-à-dire qu'après la décision rendue par un premier tribunal, la partie qui a succombé a le droit, en principe, de recourir à des juges d'un degré supérieur, d'interjeter appel, selon la formule technique. Cette institution de l'appel amène ainsi un examen nouveau du procès ; mais la décision qui intervient alors est définitive, elle ne peut plus être portée devant d'autres juges d'un degré plus élevé : il n'y a pas d'appel possible de la sentence du second tribunal. Il reste toutefois aux plaideurs une dernière ressource, le pourvoi en cassation, qui ne forme pas une instance proprement dite, un nouveau degré de juridiction, mais peut aboutir à la cassation, à l'annulation du jugement, pour cause de violation de la loi, et au renvoi devant un autre tribunal.

Telles sont les phases régulières et ordinaires d'un procès. Maintenant il nous reste encore à signaler deux autres modes de recours, qui offrent cela de particulier que le nouvel examen est confié aux mêmes juges qui ont rendu le jugement attaqué : l'opposition et la requête civile. La différence qui sépare ces deux institutions consiste en ce que l'opposition est une voie de recours ordinaire, dans le cas où le débat n'a pas été contradictoire, c'est-à-dire quand une des parties était absente, faisait défaut ; tandis que la requête civile, au contraire, est une voie extraordinaire qui n'est ouverte que dans des cas exceptionnels expressément déterminés par la loi. Enfin, nous citerons, en dernier lieu, la tierce opposition, mode de recours extraordinaire, qui a pour but de permettre à un tiers étranger à un procès d'attaquer le jugement rendu, en tant qu'il préjudicie à ses droits.

En résumé, il y a deux voies de recours ordinaires contre les jugements : l'opposition et l'appel, et trois modes de recours extraordinaires : la tierce opposition, la requête civile et le pourvoi en cassation.

Ces notions sommaires de procédure ainsi exposées, nous pouvons maintenant aborder l'examen de notre première question : que faut-il entendre par cette expression chose jugée ? quand peut-on dire qu'un jugement est investi de l'autorité de la chose jugée ?

La véritable théorie juridique, à cet égard, se base principalement sur une distinction essentielle entre les décisions judiciaires : les unes, revêtues du caractère de jugements ; les autres, au contraire, reléguées dans la catégorie de simples actes judiciaires, dont l'influence unique consiste à préparer la décision du litige ou à ordonner des mesures provisoires et de conservation. Les jugements seuls peuvent avoir le caractère de chose jugée ; mais il faut pour cela qu'ils statuent d'une manière définitive, et que leur dispositif se base sur les conclusions des plaideurs. Du reste, les divers chefs qui constituent ce dispositif forment autant de petites sentences distinctes, et on peut en attaquer quelques-uns sans enlever aux autres leur caractère de chose jugée, à moins que l'intimé, dans le cas d'appel, ne forme un appel incident relativement à ces derniers. Pour approfondir cette question importante, nous allons examiner successivement les décisions diverses de l'autorité judiciaire qui peuvent se présenter dans la pratique, pour savoir quelles sont celles auxquelles appartient le caractère de chose jugée. D'abord, en ce qui concerne les jugements contradictoires et en premier ressort, ainsi que les jugements rendus par défaut, avant toute opposition ou appel interjeté, nous n'hésitons pas à dire qu'ils sont investis de l'autorité de la chose jugée. Cette solution a été contestée cependant.

Une doctrine, appuyée par des autorités imposantes, soutient que les jugements de premier ressort, tant qu'il n'y a pas appel interjeté, et les jugements par défaut, même avant toute opposition, ne sont pas investis de l'autorité de la chose jugée, ne forment pas *res judicata*.

Il nous sera facile de réfuter ce système, qui dénie ainsi l'autorité de cette classe de jugements. Nous invoquerons à cet égard les principes de la matière, les textes et enfin l'appui de Pothier, qui décide la question de la manière la plus formelle en notre sens.

D'abord, si nous remontons aux principes, nous voyons que la présomption de vérité qui constitue l'autorité de la chose jugée garantit toutes les décisions judiciaires, tant qu'elles subsistent avec leur puissance et leurs effets propres. Or il est impossible de soutenir qu'un jugement n'existe pas comme tel parce qu'il est susceptible d'appel ou d'opposition. Sans doute, la chose jugée ne l'est pas alors d'une manière définitive et immuable ; il y a là une autorité de chose jugée provisoire tant que les délais ne sont pas expirés; mais ce provisoire atteste évidemment l'existence de l'état qu'il qualifie : le jugement est menacé dans son existence; son autorité est susceptible d'être anéantie d'un instant à l'autre pendant toute la période des délais ; son sort est, pour ainsi dire, entre les mains des plaideurs; mais enfin il existe tel quel, et ce provisoire peut devenir définitif si les délais viennent à expirer, preuve incontestable de la vérité de notre doctrine. Et à ces motifs si concluants nous pouvons joindre l'autorité des textes de notre droit ancien. Ainsi l'ordonnance de 1667 (titre 18, art. 5) plaçait sur la même ligne les jugements « rendus en dernier ressort » et ceux « dont il n'y a appel ou dont l'appel est non recevable; » tous constituaient également *res judicata* et étaient investis de la même puissance. Et si des textes si formels ne suffisent pas, nous pouvons encore y ajouter l'autorité d'un jurisconsulte illustre, de celui que les rédacteurs de notre Code ont pris presque toujours pour modèle, et dont l'appui a été bien mal à propos invoqué par la doctrine adverse : l'opinion de Pothier. Voici le commentaire qu'il a présenté à l'occasion de ce texte de l'ordonnance, et son explication ne peut laisser place à aucun doute : « Tant qu'il n'y a pas appel, ces jugements (les jugements de première instance) ont, de même que ceux rendus en dernier ressort, une espèce d'autorité de chose jugée qui donne le droit d'en poursuivre l'exécution, et forme une espèce de présomption *juris* et *de jure* qui exclut de pouvoir rien proposer contre tant qu'il n'y a pas d'appel interjeté; seulement cette autorité et la présomption qui en résulte ne sont que momentanées, et sont détruites aussitôt qu'il y a un appel. »

Ce commentaire, si explicite, n'est pas susceptible de recevoir deux interprétations, et notre doctrine est de tous points concordante avec celle du grand jurisconsulte. Nous distinguons également les jugements en deux classes : les uns investis d'une autorité définitive, immuable, après l'épuisement de toutes les voies de recours; les autres provisoires, susceptibles d'une révision ultérieure; mais cette distinction elle-même prouve que, dans les deux cas, il y a jugement ou, ce qui est la même chose sous un autre nom, chose jugée, *res judicata*. Maintenant, quand il y a appel interjeté, la chose jugée n'existe plus; elle est anéantie, car tout est remis en question par suite de ce recours. Voilà les vrais principes, et il importe de les mettre en lumière, afin de toucher du doigt l'erreur de MM. Duranton et Zachariæ, qui enseignent le système contraire. Cette erreur provient de la confusion qu'ils ont faite entre les acceptions diverses dans lesquelles est employée cette expression d'autorité de la chose jugée. Il faut, en effet, user de discernement, et interpréter cette formule *secundum subjectam materiam*, selon le sujet dans lequel elle est employée. Ainsi, par exemple, quand on examine la question à un autre point de vue, quand il s'agit de savoir si les parties sont liées de telle sorte qu'il leur faille nécessairement accepter la décision judiciaire, sans possibilité de la faire réformer, il n'y a pas évidemment autorité de la chose jugée tant qu'une voie de recours est ouverte aux plaideurs. Mais, dans notre sujet, l'expression de chose jugée ne s'applique pas en ce sens; on doit l'entendre sous le rapport qu'on recherche si le jugement doit être considéré comme existant ou nul dès à présent : dès lors il ne suffit pas, dans ce cas, que l'appel soit possible, il faut nécessairement qu'il ait eu lieu.

Une autre erreur, bien plus grave encore que la précédente, consiste à soutenir que l'autorité de la chose jugée n'existe véritablement, dans le sens de notre matière, qu'après l'épuisement de toutes les voies de recours, tant ordinaires qu'extraordinaires. Cette doctrine est celle de M. Bonnier, qui enseigne formellement qu'il faut, pour qu'un jugement puisse être investi de l'autorité de la chose jugée, qu'il soit à l'abri même d'un pourvoi en cassation ou d'une requête civile. C'est méconnaître étrangement tous les principes de la matière que de resserrer dans un cercle aussi étroit cette grande règle protectrice de l'autorité des jugements. Nous avons suffisamment mis en lumière les vrais principes pour que toute démonstration nouvelle soit superflue et oiseuse. Le vice de ce système réside tout entier dans ce défaut de discernement que nous avons signalé plus haut. Sans doute, l'expression de chose jugée s'applique également et *à fortiori* à cette hypothèse d'un jugement qui a épuisé toutes les voies de recours possibles; mais cette acception n'est pas celle sous laquelle on envisage la chose jugée dans notre sujet.

Cette démonstration nous amène à distinguer trois significations diverses de la chose jugée. Dans le sens le plus ordinaire, cette expression s'applique à un jugement qui est à l'abri des voies de recours ordinaires, l'opposition et l'appel ; sous ce rapport, on dit ordinairement que le jugement est passé en force de chose jugée. Dans un sens plus rigoureux, elle désigne un jugement qui ne peut être l'objet d'aucune espèce de recours ; enfin, dans une troisième et dernière acception, qui est celle sous laquelle on l'envisage en cette matière, cette expression se rapporte à un jugement susceptible d'être attaqué par un mode de recours ordinaire, mais qui ne l'a pas encore été. Ainsi il y a trois degrés dans la chose jugée ; mais dans chacun d'eux la présomption de vérité protége également la sentence. La seule distinction à établir entre ces diverses catégories consiste dans le plus ou moins de solidité de la présomption qui les garantit; mais actuellement la présomption existe pour tous, et il y a lieu d'appliquer la maxime : *Res judicata pro veritate accipitur*.

Maintenant, il faut bien remarquer que l'autorité de la chose jugée n'appartient qu'au dispositif du jugement, dans le cas où ce jugement a le caractère de chose jugée, et qu'il faut la dénier entièrement aux motifs. Les motifs, en effet, qu'on appelle aussi raisons de douter et de décider, ne sont que la partie justificative de la décision rendue ; ce sont de simples moyens destinés à convaincre ceux qui liront le jugement de sa véracité et de la légitimité de sa teneur. Le juge n'est aucunement lié par eux, à tel point qu'ils ne forment pas même un préjugé ; c'est le dispositif seul qui contient l'expression véritable de la pensée du juge. Du reste, pour établir sa décision, le juge doit se baser sur les conclusions des parties, où se trouve le *quid judicandum*, et il doit formuler son jugement de manière à ne rien laisser d'incertain ni d'indéterminé ; il n'y a de véritablement jugé que ce qui répond directement aux conclusions des plaideurs, *tantum judicatum quantum litigatum*, et ce caractère de chose jugée doit être refusé aux dispositions purement énonciatives contenues même dans le dispositif, mais qui n'ont pas été directement soumises à l'examen et à l'appréciation du juge (1). Pothier (2) enseigne, en cette matière, qu'il faut, pour qu'un jugement ait le caractère de chose jugée, que ce soit un jugement définitif contenant condamnation ou congé de la demande. Mais cette opinion, empruntée à un fragment de Modestin, est trop générale, car il y a des décisions qui, sans prononcer de condamnation ou d'absolution, celles par exemple qui se rapportent à un incident, une exception, ont néanmoins le caractère de chose jugée.

Examinons maintenant les distinctions entre les jugements rendus en matière gracieuse ou contentieuse. Ces derniers jugements sont seuls investis de l'autorité de la chose jugée, et cet effet est dénié aux actes de juridiction purement volontaire et gracieuse, tels, par exemple, que ceux qui admettent une adoption, ou encore ceux qui permettent l'aliénation d'un immeuble frappé de dotalité. Ce point de droit est incon-

(1) L. 1, D., *De re judicata*.

(2) *Traité des obligations*, livre IV.

testable, et la distinction qu'il établit s'explique facilement.

Quid juris en ce qui concerne les jugements rendus en pays étrangers? — La doctrine est généralement d'accord pour leur dénier le caractère de chose jugée en France. Cette opinion se base sur les textes du droit ancien, sur l'art. 121 de l'ordonnance de 1629, qui renfermait une disposition formelle à cet égard, et en outre sur les art. 2123 et 2128 du Code Napoléon. Du reste, c'est là la conséquence logique de cette vérité juridique, que l'exception de la chose jugée n'est pas une institution du droit des gens, mais de droit purement civil. Maintenant il peut être dérogé à ce principe général par des traités spéciaux conclus avec les gouvernements étrangers.

Les jugements d'homologation sont considérés généralement comme des actes judiciaires, plutôt que comme des jugements proprement dits. Nous croyons, toutefois, que tout dépend, à cet égard, du but qu'on se propose, et qu'un jugement d'homologation d'un concordat, par exemple, est investi de l'autorité de la chose jugée.

Les jugements provisoires de collocation ou de compétence n'ont pas le caractère de chose jugée, et il est facile d'en comprendre les motifs. C'est qu'en effet, à l'égard des jugements provisoires, par exemple, qui ne sont exécutoires que provisoirement et révocables *ad nutum*, par le simple changement de volonté du juge, il ne serait pas rationnel de leur attribuer un effet qui ne doit appartenir qu'à un jugement qui statue d'une manière définitive et fixe pour toujours le droit litigieux. Et nous trouvons dans Nouveau-Denizart une preuve que la même solution était admise à cet égard dans notre droit ancien.

« Il n'y a point, dit-il, de fin de non-recevoir à tirer contre l'appel d'une sentence définitive de ce que l'appelant a exécuté sans protestation une sentence provisoire qui avait prononcé contre lui les mêmes condamnations que la sentence définitive. » On a essayé de contester l'exactitude de notre doctrine; on a argumenté de ce que le juge, disait-on, n'avait pas le droit de rétracter des jugements même provisoires, qui sont cependant définitifs, en ce sens que le litige est décidé et est le fondement d'un droit acquis à l'une des parties. Mais il nous semble plus rationnel d'admettre la première solution, par ce motif déterminant qu'il serait étrange qu'un jugement révocable *ad nutum* pût être investi de l'autorité de la chose jugée, surtout si l'on réfléchit que ces sortes de jugements ne sont pas l'objet d'une appréciation aussi minutieuse et aussi attentive de la part du juge. Mais il faut que le tribunal ait de justes motifs pour modifier ce qu'il avait déjà décidé, même d'une manière provisoire.

A l'égard des jugements préparatoires et interlocutoires, c'est dans les art. 451 et 452 du Code de procédure que nous devons chercher leurs caractères et leurs effets principaux. La définition qu'en donnent ces deux textes nous indique d'abord leur rapport commun, à savoir, que ce sont des jugements d'avant-faire droit. Maintenant, ce qui les distingue, c'est que les jugements préparatoires sont de simples mesures d'instruction pour hâter la solution du litige, et qui ne préjugent nullement le fond ; tandis que les interlocutoires préjugent le fond même du procès, d'une manière hypothétique. — Et, au point de vue de l'appel, la différence que signalent les textes consiste en ce qu'il est permis aux plaideurs d'interjeter appel d'un jugement interlocutoire avant le jugement définitif sur le fond même du procès, avantage refusé aux jugements simplement préparatoires. Maintenant, au point de vue de notre sujet, y a-t-il une différence entre ces deux sortes de jugements? — A l'égard des jugements préparatoires, il est incontestable et incontesté qu'ils n'ont pas le caractère de chose jugée, et cela par le même motif que nous avons donné en ce qui concerne les jugements provisoires. Mais, quant aux jugements interlocutoires, la question est controversée : les uns, s'appuyant sur ce fait que ces jugements exercent un *préjugé* sur le fond même du procès, en ont conclu qu'ils devaient avoir l'autorité de la chose jugée ; d'autres ont objecté que l'interlocutoire ne lie point le juge ; mais nous nous rangeons à la première opinion, qui décide que les interlocutoires ont force de chose jugée.

Le jugement par défaut-congé n'a pas le caractère de chose jugée ; c'est un simple *relaxe* de l'assignation.

La sentence arbitrale, revêtue de l'ordonnance d'exécution du président du tribunal, a l'autorité de la chose jugée.

Il en est de même en ce qui concerne un jugement acquiescé, et c'est là un effet qui dérive du caractère et de la nature de l'acquiescement; mais il faut pour cela que l'acquiescement soit valable, et encore cet effet ne se produit, s'il y a plusieurs parties en cause, que contre celles qui ont adhéré à l'acquiescement, car l'acquiescement a un effet analogue à la chose jugée, quoique cependant il faille bien se garder de les confondre.

Quid juris à l'égard des jugements renfermant des nullités?—Il y a en cette matière un principe de notre ancien droit, contraire sur ce point aux traditions romaines, qui dit « qu'en France voies de nullité n'ont lieu de plein droit, » et ce principe est encore en vigueur dans notre droit actuel; d'où nous devons conclure que ces jugements sont néanmoins investis de l'autorité de la chose jugée.

Les jugements incompétents *ratione personæ* ont le caractère de chose jugée, ce point est incontestable et incontesté; mais, à l'égard des jugements incompétents *ratione materiæ*, la question est controversée. Pour nous, nous croyons l'affirmative préférable, et nous leur accordons également le caractère de chose jugée. Notre solution est la même en ce qui concerne les jugements d'expédients.

Cette énumération que nous venons de faire des divers jugements qui peuvent se présenter dans la pratique nous a permis d'établir quels sont ceux auxquels s'attache la présomption de chose jugée, l'exception *rei judicatæ*. Cette présomption garantit les parties, et elle peut être invoquée par elles contre une action se rapportant à une question de droit identique; mais il faut bien se pénétrer du véritable caractère de cette exception. Comme la prescription, dont elle a les effets salutaires, elle est entièrement d'ordre privé ; elle doit donc être expressément invoquée par la partie elle-même, et ne peut être suppléée d'office par le juge, ni proposée par le ministère public ; elle est, comme la prescription, une présomption *juris* et *de jure* qui couvre la partie qui croit devoir l'invoquer ; mais elle n'est nullement d'ordre public, car elle a été instituée pour sauvegarder des intérêts purement privés.

Telles sont les véritables règles de cette matière, et avec leur exposé se termine la première partie de notre thèse. Nous avons établi à quels jugements s'applique l'autorité de la chose jugée, et quelles sont les bases véritables et nécessaires sur lesquelles s'appuie cette institution. Il nous reste maintenant à étudier les effets du jugement, et certes ce n'est pas là la partie la moins importante et la moins délicate de notre tâche.

SECONDE PARTIE.

EFFETS DE L'AUTORITÉ DE LA CHOSE JUGÉE.

La fiction de vérité contenue dans les jugements garantit à l'avenir leurs effets ; elle a pour but d'empêcher que la même question de droit qui a fait l'objet d'un jugement ne soit de nouveau débattue dans une instance postérieure, et la question à résoudre en ce sujet se pose ainsi : Quand à une action on oppose l'autorité d'un jugement antérieur, il s'agit de déterminer le rapport qui doit exister entre les deux litiges pour que l'action nouvelle soit repoussée. Le texte de l'art. 1351 renferme à cet égard tous les principes de la matière; c'est dans ce texte unique que nous devons chercher tous les éléments constitutifs de l'autorité de la chose jugée, et, à cet égard, il est ainsi conçu : L'autorité de la chose jugée n'a lieu que pour ce qui fait l'objet du jugement. Il faut que la chose demandée soit la même, que la demande soit fondée sur la même cause et qu'elle soit formée entre les mêmes parties, par elles et contre elles en la même qualité. Telle est la triple condition à laquelle est subordonnée l'identité des deux litiges.

Ces éléments sont ainsi désignés par les lois romaines : *eadem res, eadem causa petendi, eadem conditio personarum*. Identité d'objet, identité de cause, identité de parties, tels sont les trois points qui s'offrent à notre étude en cette matière, et nous nous appliquerons à établir le plus exactement possible les principes qui les gouvernent.

§ I.

IDENTITÉ D'OBJET.

(*Eadem res.*)

La première condition nécessaire à l'application de l'autorité de la chose jugée, c'est l'identité de la chose qui forme l'objet des deux litiges ; il faut que la chose demandée soit la même, *eadem res*, ainsi que l'exige formellement le texte de notre article. Nous devons donc rechercher ce qu'il faut entendre par cette expression : la même chose, et ce n'est pas là la moindre difficulté de ce sujet. Il n'y a pas, en effet, dans la langue du droit, de mot plus vague, plus général et qui se plie plus facilement à tous les caprices du langage, que celui de chose, dont nous avons à préciser la signification en cette matière.

Cette expression s'applique ici à l'objet même du procès, au droit en litige. Pour qu'il y ait identité d'objet, il faut que l'action nouvelle se rapporte précisément à un droit sur lequel a porté un jugement antérieur. A cet égard, toutefois, il faut se garder de toute exagération, et ne pas croire qu'il faut, pour l'application de notre principe, une identité absolue de tous points : l'identité de la chose peut se rencontrer dans des cas où il y a des différences apparentes dans les deux litiges. Le critérium certain pour la reconnaître est de voir si le dispositif du jugement à intervenir sur l'action nouvelle serait en contradiction avec celui du jugement antérieur ; si la sentence nouvelle devait être inconciliable avec la première, il y aurait lieu à repousser la demande.

Cette règle si importante est d'une application délicate et difficile. Afin de la mettre pleinement en lumière, nous allons citer des exemples qui serviront à en déterminer l'étendue et les limites véritables. Il y a des cas dans lesquels l'identité des deux choses litigieuses ne peut faire l'objet d'aucun doute ; ainsi, par exemple, dans l'espèce suivante : Titius revendique le fonds Cornélien et succombe ; plus tard, il revendique de nouveau contre l'ancien défer deur le même fonds Cornélien. De même dans cette autre hypothèse : Titius réclame *cent*, qu'il prétend lui être dus par suite d'un *mutuum*, et sa demande est rejetée ; plus tard, il renouvelle la même action contre l'ancien défendeur. Dans ces deux cas, il ne saurait y avoir de doute sur l'identité d'objet des deux actions, et l'autorité de la chose jugée s'applique sans difficulté. Mais nous allons rencontrer des hypothèses dans lesquelles l'identité d'objet existe malgré certaines différences apparentes. Ainsi, si Titius réclame la propriété d'un troupeau composé de cent têtes, et que sa demande soit rejetée, la circonstance que ce troupeau serait plus tard composé de deux cents ou de cinquante têtes n'empêcherait pas que ce fût toujours le même troupeau, et qu'une demande nouvelle formée par Titius contre l'ancien défendeur ne fût rejetée par l'autorité du jugement antérieur. En effet, l'accroissement ou la diminution des têtes de bétail est un fait accessoire, secondaire, et cette modification est parfaitement indifférente quand il s'agit de savoir si la demande nouvelle porte sur la même chose qui a déjà fait l'objet d'un premier jugement. La question de droit posée dans les deux litiges est évidemment identique, et la différence d'objet est purement apparente.

Cette solution est facile à comprendre ; mais, en nous avançant dans l'examen de ce sujet, nous allons trouver des difficultés bien plus délicates. En cette matière, les jurisconsultes romains avaient établi des principes que nous aurons à appliquer, mais en usant de discernement et en tenant compte, d'ailleurs, des changements qu'ont subis les formes de procédure. Sans nous asservir docilement à ces règles formulées dans plusieurs textes du Digeste, nous profiterons des lumières qu'elles apportent en notre sujet toutes les fois que nous croirons y trouver la solution la plus juridique des controverses graves que soulève cette matière.

Deux règles principales sont posées à cet égard, et l'une d'entre elles est clairement formulée dans un texte d'Ulpien qui forme la loi 7 du titre *De exceptione rei judicatæ*. Ce texte est remarquable par la profondeur de principes et la clarté des solutions qu'il renferme ; il expose d'abord la règle du rapport du tout à ses parties : *in toto et pars continetur*, — la partie est comprise dans le tout ;—d'où, comme conséquence, il conclut que toute action relative à une fraction d'un tout qui a déjà fait l'objet d'un jugement est repoussée par l'autorité du jugement relatif à ce tout. — En sens inverse, la seconde règle est que le tout n'est pas compris dans la partie : *totum in parte non est;* par conséquent, la demande rejetée sur une partie n'empêche pas d'intenter une action nouvelle portant sur le tout.

Tels sont les deux principes remarquables que nous trouvons posés par les jurisconsultes romains, et il nous reste maintenant à en faire l'application à notre sujet. Attachons-nous d'abord à l'examen de la première règle, de celle sur laquelle Ulpien a donné des développements si complets et si précis dans le fragment que nous avons cité plus haut, et qui est ainsi formulée dans un autre texte du Digeste (l. 113, *De regulis juris*) : *In toto et pars continetur ;* et mettons-la en présence de l'espèce suivante : Titius revendique le fonds Cornélien et succombe, ou bien il réclame *cent*, qu'il prétend lui être dus en vertu d'un prêt, et sa demande est également rejetée : si, plus tard, il revendique une partie de ce même fonds Cornélien, ou s'il réclame *soixante* en vertu du même *mutuum*, son action nouvelle devra être repoussée en vertu du principe du rapport du tout à ses parties.

La légitimité de cette solution a été contestée, et quelques auteurs ont nié l'identité d'objet des deux litiges dans les cas que nous venons de citer ; et nous devons reconnaître qu'au premier abord il répugne à la raison d'admettre qu'il y ait là identité de chose, *eadem res*, dans les deux procès. Il semble que ce soit un pur sophisme, un paradoxe étrange de soutenir les propositions suivantes. Un jugement a décidé que Titius n'est pas propriétaire du fonds Cornélien : il a donc décidé par cela même qu'il n'en est pas propriétaire pour une partie. Il a été jugé qu'il n'est pas créancier de *cent* en vertu d'un prêt : il a donc été jugé qu'il n'est pas créancier même de *soixante*, et un jurisconsulte regretté, remarquable par sa logique serrée et rigoureuse, Marcadé, a été jusqu'à dire qu'il n'y avait qu'un tissu d'absurdités dans une pareille doctrine ; et, malgré l'autorité de Toullier, de Zachariæ, de Duranton, il se refuse à admettre des règles qui ne peuvent, à son avis, prévaloir contre la raison. Quant à nous, nous ne saurions nous ranger à son opinion. Nous croyons que la règle établie par Ulpien est encore en vigueur dans notre droit moderne, et, si elle est méconnue et niée par Marcadé, c'est que la question n'a pas été placée par lui sur son véritable terrain.

C'est qu'en effet, en traitant cette matière au point de vue auquel il s'est placé, la logique de ses arguments est irrésistible, et ce serait faire de vains efforts que de chercher à les ébranler ; mais, en raisonnant ainsi, il a étrangement méconnu les règles véritables. Il y a, en effet, un principe qui domine tout ce sujet et nous montre la solution véritablement juridique de cette controverse : c'est le principe qui détermine l'étendue de la mission du juge. Cette mission consiste essentiellement à fixer le rapport de droit en litige et à garantir, pour l'avenir, l'efficacité de sa décision; mais quelle est l'étendue de cette décision du juge? C'est ce qu'il importe de mettre en lumière. A cet égard, l'étude approfondie de cette matière nous montre que le juge, dans les limites de la demande portée devant lui, a latitude entière; il n'est pas, comme l'antique *judex* de la procédure formulaire, emprisonné dans le cercle étroit d'une formule qui ne lui laisse d'autre alternative que celle d'admettre ou de rejeter la demande entière; la seule obligation qui lui soit imposée est de ne pas dépasser les limites de la demande, des conclusions des parties, de ne pas statuer *ultra petita*. Notre droit moderne a fait justice de ces restrictions de la procédure romaine, dues au mécanisme gênant et formaliste des instructions écrites du magistrat. Chez nous, le pouvoir du juge s'exerce librement dans les limites des conclusions du demandeur; par suite, et en vertu d'une conclusion dont notre redoutable adversaire ne pourrait révoquer en doute la logique irréfutable, le jugement qui rejette la demande de *cent* signifie évidemment que le demandeur n'a droit ni à *cent* ni à aucune fraction de cette somme.

Telle est la base véritable sur laquelle repose cette règle du rapport du tout à ses parties, et, ainsi établie, elle défie toute controverse. C'est pour n'avoir pas suffisamment approfondi ce point fondamental que Marcadé est tombé dans l'erreur que nous venons de relever. La véritable règle qui doit nous guider en cette matière, et que les lumières du bon sens suffisent, en général, à faire reconnaître, consiste à s'attacher uniquement à ce fait essentiel : la prétention nouvelle que soulève le plaideur a-t-elle, oui ou non, fait l'objet d'un jugement antérieur? Le rapport de droit en litige est-il une chose déjà jugée, *res judicata*? Et, pour arriver exactement à résoudre ce point de droit, le moyen le plus sûr consiste à mettre en présence les deux propositions contenues dans chacun des procès, et à voir si elles peuvent coexister ensemble, ou si, au contraire, elles sont contradictoires et inconciliables entre elles; car l'autorité de la chose jugée a été essentiellement instituée dans le but de prévenir ce résultat funeste d'un conflit entre deux décisions judiciaires, dont l'exécution simultanée serait impossible.

Soumettons à cette épreuve les espèces que nous avons citées. Titius a revendiqué le fonds Cornélien, et sa demande a été rejetée; plus tard, il revendique par une action nouvelle une portion déterminée ou indivise de ce fonds contre l'ancien défendeur: y a-t-il contradiction entre ces deux propositions? Il est jugé que Titius n'est pas propriétaire de tout le fonds Cornélien; maintenant, son action nouvelle tend à faire décider qu'il est propriétaire divis ou indivis de ce même immeuble. En apparence, il n'y a rien là de contradictoire, et c'est ce que Marcadé s'empresse de faire remarquer. Ces deux prétentions, dit-il, sont parfaitement distinctes; elles peuvent se concilier facilement; on peut admettre la seconde sans contredire en rien la solution négative de la première: on ne peut donc pas soutenir qu'il y a chose jugée, et par conséquent l'action nouvelle doit être admise. Puis, poursuivant son argumentation, le rude logicien ajoute: « Il va sans dire que si le premier jugement avait tranché la question sous toutes ses faces, en décidant qu'il n'a ni copropriété indivise pour une fraction quelconque, ni propriété divise et exclusive soit du tout, soit d'une partie, aucune question ne pourrait plus être soulevée, et toute prétention relative à la propriété, quelle qu'elle fût, serait chose déjà jugée. »

Cette solution ainsi exposée est évidemment, comme nous l'avons dit plus haut, irréprochable au point de vue de la logique; toute cette argumentation est puissamment établie, et nous adhérons de tous points à des déductions si précises et d'une logique si serrée. Mais c'est précisément avec cette arme terrible que nous fournit notre puissant adversaire que nous allons ruiner, anéantir de fond en comble sa doctrine tout entière. Nous nous appuierons sur le principe qu'il a formulé en dernier lieu, et qui peut s'énoncer ainsi : si le premier jugement a tranché la question sous toutes ses faces, s'il a décidé que le demandeur n'a droit ni à la chose entière ni à aucune de ses parties divises ou indivises, la question est définitivement jugée. Or, en vertu des règles que nous avons posées sur l'étendue des pouvoirs du juge, nous avons prouvé qu'il a mission pour examiner non pas seulement si le demandeur a droit à la chose entière, mais encore à toute fraction divise ou indivise de cette même chose ; le jugement qui intervient pour terminer le litige règle donc définitivement la question sous toutes ses faces. Il est vrai que ce résultat est sous-entendu, mais il résulte implicitement et nécessairement des principes que nous avons établis plus haut, et la différence entre la doctrine de Marcadé et la nôtre se réduit à ce que, pour reconnaître la chose jugée définitivement, notre adversaire veut que le jugement en fasse mention formelle dans son dispositif, tandis que nous croyons, au contraire, que ce résultat est toujours sous-entendu dans le jugement, et cela en vertu de l'étendue de la mission du juge, considération essentielle que Marcadé a complétement perdue de vue en cette matière.

Ce premier point mis en lumière, arrivons à l'examen de notre seconde règle : *Totum in parte non est*, le tout n'est pas compris dans la partie. Cette hypothèse forme la contre-partie de la précédente ; elle s'applique à la question de savoir si, après le rejet d'une action relative à l'une des parties, on peut intenter une action nouvelle relative au tout. Ainsi Titius a revendiqué le quart du fonds Cornélien, et sa demande a été rejetée ; plus tard, il revendique la totalité de ce même immeuble : cette action nouvelle doit-elle être écartée en vertu de l'autorité du premier jugement ? Sur ce point, de graves controverses se sont élevées dans la doctrine, les uns admettant toujours l'affirmative, les autres toujours la négative ; mais ces solutions si radicales sont exagérées de part et d'autre. Ainsi Toullier enseigne, à cet égard, que le plaideur qui a succombé dans la demande d'une partie seulement d'un immeuble déterminé sera recevable à demander plus tard l'immeuble entier ; celui qui a échoué dans une demande de *cent*, sera recevable à demander plus tard *mille ;* celui qui a échoué dans la réclamation d'*iter* pourra demander *via* ou *actus :* par ce motif que, n'ayant demandé d'abord qu'une partie, et demandant la seconde fois le tout, on ne peut plus dire que l'objet de la seconde demande soit le même que dans la première.

Telle est, en résumé, sa doctrine, et il importe de se mettre soigneusement en garde contre les sophismes spécieux, les arguties d'école que le célèbre jurisconsulte appelle à son aide pour essayer de soutenir son système. Toute cette logique apparente de sa doctrine tombe devant les lumières seules de la raison et du bon sens, contre lesquelles ne sauraient prévaloir les préjugés de la routine scolastique. Ne suffit-il pas, en effet, de montrer les conséquences de cette théorie pour en faire toucher du doigt l'impossibilité, pour ne pas dire l'absurdité évidente? En la pressant un peu, on aboutit au résultat suivant : un jugement a décidé que Titius n'a pas droit à une partie déterminée du fonds Cornélien, et un autre jugement pourrait, sans contrarier en rien le premier, décider que ce même Titius a droit au fonds tout entier.

Nous nous contenterons, pour toute réponse, d'opposer un axiome de mathématiques. Puisque le tout est la réunion de toutes les parties qui le composent, si le juge a décidé que le demandeur n'a pas droit à une partie de ce tout, un second jugement ne pourrait, sans se mettre en contradiction avec le premier, décider que le même demandeur a droit au tout. Ainsi établie, notre argumentation défie toute controverse sérieuse. Ce serait le renversement de tous les principes que l'admission de cette doctrine de Toullier, et cette erreur du grand jurisconsulte provient de ce qu'il a envisagé la question sous un point de vue abstrait et chimérique ; il a, si nous osons le dire, pour rendre complétement notre pensée, compris un tout en faisant complétement abstraction des parties qui le composent et constituent son essence. Aussi nous avons peine à comprendre qu'il ait pu tirer une conséquence aussi fausse et aussi étrange d'un principe vrai en lui-même, à savoir, que le tout n'est pas compris dans la partie, *totum in parte non est*. La seule conséquence logique qu'on puisse déduire de cette règle, c'est que le demandeur qui a échoué dans la réclamation d'une partie d'un tout peut, sans violer en rien l'autorité de la chose jugée, intenter une action nouvelle relative aux autres parties de ce tout. Ainsi, il a été jugé que Titius n'a pas droit à une partie du fonds Cornélien, un cinquième par exemple : il ne pourrait pas, plus tard, revendiquer dans une action nouvelle l'immeuble tout entier. Cette prétention nouvelle tend, en effet, à faire décider que Titius qui, d'après le premier jugement, n'a pas droit à un cinquième du fonds Cornélien, a droit à ce même cinquième et aux quatre autres qui composent l'immeuble. Il y aurait donc contradiction entre les deux jugements, et le second détruirait nécessairement les effets du premier, ce qui serait une violation flagrante de l'autorité de la chose jugée. Mais Titius pourrait revendiquer les quatre autres cinquièmes, sur lesquels le premier jugement n'a pas prononcé; car l'action nouvelle a trait, dans ce cas, à un objet tout différent.

De même, quand un premier jugement a refusé *iter*, l'ancien demandeur peut intenter une demande nouvelle relative à *via* ou *actus ;* mais alors le second jugement ne peut adjuger *viam* ou *actum* qu'en en retranchant *iter*, car accorder *viam* et *actum cum itinere*, ce serait évidemment se mettre en contradiction avec le premier jugement qui a refusé *iter*. En réponse à cette objection redoutable, Toullier, continué sur ce point par M. Zachariæ et ses annotateurs, s'appuie sur l'axiome « le tout n'est pas dans la partie. » Nous pouvons résumer ainsi l'argumentation de ces jurisconsultes :

Le tout n'est pas compris dans la partie; par conséquent, après le jugement qui rejette la demande portant sur une partie d'une chose ou d'un droit, on peut admettre une demande nouvelle portant sur l'intégralité de cette chose ou de ce droit, car ce qui n'était pas contenu dans la première demande peut être réclamé dans une autre, puisqu'alors il y a différence d'objet, *aliud et aliud petitum*. Ainsi, dans le cas d'une action confessoire relative à une servitude de passage, le juge peut, après avoir refusé *iter*, accorder plus tard *viam* ou *actum*, même en y comprenant *iter*. En effet, ces nouvelles servitudes de *via* ou *actus* doivent être considérées non comme la réunion de deux servitudes séparables, mais comme constituant une servitude une et indivisible, qui est entièrement distincte et indépendante de *iter*, portant un autre nom et pouvant être constituée par un acte juridique différent. Dès lors, le demandeur à qui on a refusé *iter* peut, malgré le rejet de sa demande, réclamer ultérieurement une servitude d'une espèce différente, qu'elle soit plus restreinte ou plus étendue. On peut encore énoncer cette règle en disant que l'exception de la chose jugée ne peut être opposée à celui qui demande, par une seconde action, un tout dont quelque partie faisait l'objet d'une action antérieure. Que s'il s'agit de la revendication du fonds Cornélien, on peut, après avoir laissé juger que l'on n'est pas propriétaire d'une partie déterminée de ce fonds, revendiquer dans une action nouvelle le fonds tout entier, parce que, dans ce dernier cas, si le fonds est déclaré la propriété du demandeur, c'est à un autre titre.

Cette argumentation, que nous avons reproduite aussi fidèlement que possible, renferme des contradictions et des inconséquences que nous aurons à relever, afin de mettre en lumière les règles véritables du sujet, en les dégageant des erreurs qu'on y a introduites. Il n'y a pas une proposition avancée par nos contradicteurs qui ne donne prise à la critique. Ainsi, ils commencent par poser en principe que le jugement qui rejette la demande d'une partie d'un tout ne fait pas obstacle à une action nouvelle relative à ce tout, parce que ce qui n'était pas contenu dans la première demande peut être réclamé dans une action nouvelle. Or cette dernière assertion est la négation même de la première. Sans doute, ce qui n'était pas contenu dans un premier litige peut faire l'objet d'une action nouvelle, sans qu'on puisse opposer l'autorité de la chose jugée; mais demander l'intégralité d'une chose ou d'un droit après qu'on a succombé dans la demande d'une partie de cette chose ou de ce droit, c'est évidemment se mettre en contradiction avec le jugement antérieur, et le jugement nouveau qui admettrait la prétention du demandeur violerait tous les principes de la matière et anéantirait nécessairement l'autorité du premier jugement.

En ce qui concerne les servitudes de passage, Toullier s'appuie sur ce prétendu principe qu'après le rejet d'une action confessoire relative à une servitude, on peut demander plus tard une servitude d'une espèce différente, qu'elle soit plus restreinte ou plus étendue, car les servitudes sont essentiellement indivisibles. Ici l'inconséquence est flagrante; et en pressant cette doctrine, on y trouve la négation de la règle que nous avons établie en premier lieu, la règle du rapport du tout à ses parties, dont Toullier lui-même enseigne la légitimité. En effet, dans la dernière phrase que nous venons de citer, Toullier déclare qu'on peut réclamer une servitude plus restreinte ou plus étendue. Or, si l'on peut réclamer une servitude plus restreinte, que devient notre règle du rapport du tout à ses parties, la règle *In toto et pars continetur?* Il suffit de signaler cette contradiction étrange pour montrer l'embarras dans lequel se trouvent placés nos adversaires pour justifier leur système; et le vice de toute cette doctrine apparaît bien plus nettement encore dans cette singulière proposition de Toullier, « que le fonds Cornélien dont une partie a été déniée à ce demandeur peut être revendiqué tout entier dans une action nouvelle, parce que si la demande nouvelle est admise par le juge, c'est à un autre titre. » Sans doute, dans cette hypothèse, l'autorité de la chose jugée n'a pas d'application possible; mais cela tient à une autre raison, à l'absence de la seconde condition exigée par la loi, l'identité de cause, *eadem causa petendi;* c'est la différence de cause qui fait, dans ce cas, obstacle à l'autorité du premier jugement.

Ces contradictions de la doctrine adverse que nous venons de signaler nous montrent suffisamment qu'il ne faut pas y chercher la véritable théorie de la matière. Le moyen le plus certain, le plus efficace pour reconnaître l'identité d'objet, consiste, d'après nous, à mettre en présence le jugement qui a décidé le premier procès et la prétention nouvelle soulevée par le plaideur, et de voir s'il y a contradiction ou si, au contraire, les deux jugements pourraient coexister et se concilier parfaitement, en combinant cette règle avec les principes sur l'étendue des pouvoirs du juge.

Il nous reste, pour terminer l'étude de ce sujet si délicat, à examiner une hypothèse dans laquelle on rencontre une contradiction apparente de la règle que le tout n'est pas contenu dans la partie, *totum in parte non est*, mais dans laquelle la solution n'est que la conséquence du principe que nous venons de poser, à savoir, que la circonstance unique à considérer est de voir si c'est la même question de droit qui est agitée dans les deux procès. Titius réclame *cent* qu'il prétend lui être dus par Seïus en vertu d'un prêt, et son action est rejetée : si plus tard il forme une demande nouvelle contre l'ancien défendeur relativement à *deux cents* qu'il soutiendrait lui être dus en vertu du même *mutuum*, l'autorité du premier jugement fera repousser sa nouvelle demande.

De même, si, sur une action confessoire, le *jus altius non tollendi* lui a été dénié pour dix pieds, une nouvelle action confessoire intentée plus tard pour vingt pieds sera également repoussée, en vertu du même principe. Et ces solutions ne font nullement échec à la règle que nous venons d'établir, la règle *totum in parte non est*, le tout n'est pas compris dans la partie. La seule chose à considérer, en effet, comme nous l'avons dit plus haut, c'est de savoir si la décision sur le second litige est ou non incompatible avec le jugement antérieur. Or, s'il a été jugé que le défendeur ne doit pas *cent* en vertu d'un prêt, il est impossible qu'un nouveau jugement puisse condamner ce même défendeur à payer *deux cents* en vertu de ce même prêt sans violer tous les principes de la raison et du bon sens, car on ne saurait concevoir une dette de *deux cents* sans la dette inférieure de *cent*, et le juge de l'action primitive avait des pouvoirs suffisants pour condamner à cette dernière somme s'il avait été convaincu de la réalité de la créance.

En ce qui concerne l'action confessoire, la nouvelle demande doit être rejetée par suite de l'application de la même règle, parce qu'on ne peut concevoir le *jus altius non tollendi* pour vingt pieds sans la servitude plus restreinte de dix. Cette solution est différente de celle que nous avons donnée pour le cas de la revendication d'un immeuble, et la raison en est facile à comprendre : c'est que, dans l'espèce que nous avons citée relativement à ce dernier cas, le second jugement pouvait accorder au demandeur les autres parties de l'immeuble qui n'avaient pas fait l'objet de l'action primitive ; mais ici, dans le cas d'obligation née du *mutuum* et de l'action confessoire, le nouveau droit réclamé ne saurait exister sans le droit plus restreint dénié par le premier jugement : la solution doit donc nécessairement être différente de la première. Cette étude que nous venons de faire des éléments constitutifs de l'identité d'objet a suffisamment mis en lumière les principes véritables qui régissent cette matière; nous allons examiner maintenant la deuxième condition exigée pour qu'il y ait lieu à l'autorité de la chose jugée, l'identité de la cause, *eadem causa petendi*.

§ II.

DE L'IDENTITÉ DE LA CAUSE.

(*Eadem causa petendi.*)

Il ne suffit pas que la chose réclamée soit la même dans les deux actions pour qu'il y ait identité des deux litiges, il faut en outre que la demande nouvelle soit fondée sur la même cause que la première. Nous devons donc nous attacher, en abordant cette matière, à définir exactement cette expression de *cause* avec d'autant plus de soin que c'est là un point fondamental de toute cette théorie de l'autorité de la chose jugée, dont il importe de déterminer l'étendue et les limites véritables.

La cause, en cette matière, c'est le fondement, la base immédiate de la demande formée par le plaideur. Pour légitimer sa prétention, le demandeur s'appuie sur des motifs déterminés, et qu'il expose dans ses conclusions; c'est donc là que nous devons rechercher le fondement de l'action intentée, sa cause véritable.

Le moyen le plus sûr à cet égard pour arriver à un résultat exact, c'est de rechercher avec soin sur quoi se fonde *immédiatement* la prétention du demandeur.

Nous avons souligné le mot *immédiatement* parce qu'il est nécessaire, pour éviter toute erreur, de ne pas confondre avec la cause véritable, dans le sens attaché à cette expression par notre art. 1351, de simples moyens, *mutatæ opiniones*, des bases médiates et éloignées. Ces éléments du procès, que nous désignons du nom de simples moyens, doivent soigneusement être distingués de la cause. Il est vrai qu'en approfondissant cette question, on voit que ces moyens rentrent eux-mêmes dans la catégorie des causes; mais ce ne sont là que des causes éloignées, médiates, des causes de la cause, comme les a justement appelées Marcadé, de la cause véritable, que les Romains appelaient *causa proxima actionis*, le principe le plus prochain, immédiatement générateur de la demande.

En d'autres termes, c'est dans la base générale des diverses actions que réside leur cause; par conséquent, ce qu'il importe surtout de préciser, c'est la distinction entre les bases médiates et immédiates. Dès qu'il y a identité entre les bases immédiates de deux procès différents, il y a identité de cause, *eadem causa petendi*, dans les deux litiges. Ce point n'a pas été suffisamment aperçu par quelques jurisconsultes qui ont défini la cause en disant « qu'elle n'est pas la base générale de l'action, mais sa base spéciale; » telle est la doctrine qu'enseigne M. Bonnier, et c'est la contre-partie de la vérité, comme nous venons de le démontrer. Il était nécessaire de fournir sur ce point important les explications que nous venons de présenter pour déterminer clairement ce qu'il faut entendre par la cause d'une action.

La cause ainsi déterminée, on serait tenté de trouver qu'il y a, dans les limites si étroites qui lui sont assignées, une criante injustice et une extrême rigueur de principes. Il semble bien dur, en effet, que le plaideur qui a succombé dans une action en nullité pour cause de dol, par exemple, ne puisse pas plus tard intenter une action nouvelle fondée sur l'erreur ou la violence, lorsqu'il s'agit d'un fait qui n'avait pas, dans le procès antérieur, été soumis à l'examen du juge, et que le plaideur n'a peut-être découvert que depuis le litige terminé. La raison, l'équité sont blessées, au premier abord, par des règles si injustes en apparence ; mais toutes ces considérations que fait surgir un examen superficiel de la question tombent d'elles-mêmes si l'on en vient à l'approfondir.

C'est qu'en effet il y a en cette matière un principe dominant qui a guidé le législateur : ce principe, éminemment juste, que l'intérêt privé doit s'incliner devant un intérêt social de l'ordre le plus élevé. En remontant plus haut qu'à la base immédiate, il eût fallu, de degré en degré, s'avancer jusqu'aux causes les plus éloignées, on ne serait arrivé ainsi qu'à éterniser les procès et à saper dans ses fondements les plus intimes ce grand principe de l'autorité de la chose jugée, dont nous avons démontré plus haut la nécessité à l'effet de garantir la sécurité sociale. Il fallait sacrifier l'intérêt privé à l'intérêt général, et ne s'attacher qu'à la cause prochaine, en écartant les simples moyens, ainsi que l'avaient décidé les jurisconsultes romains, qui avaient entrevu les véritables principes sur ce point fondamental.

Ainsi, en résumé, la cause constitutive de la *quæstio* judiciaire, c'est l'élément immédiatement générateur de la demande ; par conséquent, quand un jugement aura statué sur cette cause prochaine, son effet s'étendra à toutes les actions qui auraient leur fondement sur cette base, et, en sens inverse, l'exception de chose jugée ne peut s'appliquer dès qu'il y a deux causes distinctes dans les deux litiges. Par exemple, quand, après avoir succombé dans une action en nullité d'un contrat pour vice de consentement, on intente une demande nouvelle en nullité pour incapacité d'une des parties, l'autorité de la chose jugée est inapplicable. En effet, quoiqu'il y ait de l'analogie entre ces deux questions, il n'en est pas moins vrai qu'elles reposent chacune sur une cause distincte, et que nous ne nous trouvons plus, par conséquent, dans les conditions d'application de notre principe.

La théorie que nous venons d'établir, et que nous croyons la véritable théorie juridique de cette matière, va nous permettre de relever les erreurs accumulées en ce sujet par quelques jurisconsultes. Sans parler de ceux qui passent complétement sous silence ce point considérable, et ne croient pas nécessaire de préciser ce qu'on doit entendre par la cause véritable d'un procès, il en est d'autres qui enseignent à cet égard une doctrine erronée, sur laquelle nous allons nous expliquer.

Ainsi, un auteur qui a consacré à cette matière de

longs développements, M. Bonnier, expose la théorie suivante : « La cause dont veut parler la loi, dit-il, ce n'est pas la base générale de l'action, par exemple, si la contestation porte sur un testament, la nullité de ce testament, mais la cause spéciale pour laquelle on l'attaque. Mais il ne faut pas aller trop loin dans cette voie, et confondre avec la cause de la demande les moyens employés pour justifier de l'existence de cette cause ; autrement les procès se multiplieraient à l'infini. La jurisprudence se trouve placée ici entre deux écueils : il ne faut ni remonter à la cause la plus éloignée de la demande, de manière à faire porter la décision sur des points autres que celui qui avait été jugé, ni pourtant considérer comme autant de causes diverses les moyens de détail qui peuvent être employés à l'appui des conclusions, de manière à multiplier indéfiniment les procès. »

Telle est la substance de son argumentation ; on y entrevoit la solution vraiment juridique de ce point de droit : ne pas remonter aux causes éloignées ; et il indique, à l'appui de cette idée, les raisons d'ordre social qui ont fait instituer cette règle. Mais cette explication est loin d'être claire, et la première partie contient des erreurs manifestes. Il y est dit que la cause véritable réside dans la base spéciale et non dans la base générale de l'action : or c'est là le contrepied des vrais principes. Puisqu'on doit, comme l'enseigne lui-même ce jurisconsulte, ne s'attacher qu'à la cause prochaine, *causa proxima*, et non aux causes éloignées, il est clair qu'on ne doit pas prendre en considération cette base spéciale, qui n'est réellement qu'une base médiate et éloignée, qu'un simple moyen ; et l'inconséquence d'un pareil système se touche du doigt, il tombe sous les coups que lui porte son auteur lui-même, qui détruit ainsi de ses propres mains la doctrine qu'il avait essayé d'établir.

Mais, s'il est essentiel de ne pas confondre, comme nous venons de le dire, la cause véritable, le fondement immédiat de la prétention du demandeur, avec les simples moyens, avec les bases médiates du droit réclamé, et qui ne sont, en ce sujet, que des circonstances secondaires et accessoires, il faut se garder également de tomber dans un autre danger, la confusion avec l'objet de la demande. Nous allons présenter quelques explications à cet égard pour établir nettement cette distinction, que quelques jurisconsultes n'ont pas suffisamment aperçue, car ils ont introduit en cette matière une confusion que nous devons dissiper.

Nous rencontrons ici, quand nous cherchons à approfondir ce point de droit, les mêmes éléments multiples que nous avons trouvés en cherchant la cause sur laquelle se fonde la demande. Dans cette étude, à laquelle nous nous sommes attaché sur la cause, le fondement véritable de l'action du demandeur, nous avons trouvé en présence des éléments plus ou moins nombreux et qui, tous envisagés entre eux, sont causes les uns vis-à-vis des autres, sans être néanmoins des causes sous le rapport de la demande ; car ce dernier caractère n'appartient qu'à la base immédiate et générale sur laquelle repose la prétention du demandeur. De même, dans l'examen de ce qui fait l'objet de la demande, nous trouvons des éléments nombreux entre lesquels il faut discerner l'objet véritable. Pour rendre plus sensible cette idée, prenons une espèce. Titius intente une action en nullité de vente d'un immeuble pour cause de dol; en recherchant la cause de ce litige, on trouve deux choses, savoir : le dol pratiqué envers le demandeur, et le vice de consentement qui en a été la conséquence; de même, en recherchant l'objet de la demande, on trouve, en premier lieu, la nullité de la vente, puis, comme conséquence nécessaire, la reprise de l'immeuble vendu. Ainsi, d'une part, nous trouvons une cause prochaine et immédiate, puis, au-dessous, une cause médiate qui a directement donné naissance à la première; de même, au-dessous de l'objet direct, la nullité du contrat, un autre objet médiat, indirect, qui est la conséquence du premier. Que si l'on considère cette espèce à un autre point de vue, on y trouve quatre éléments en présence, dont trois jouent le rôle de cause les uns vis-à-vis des autres. Ainsi, le dol est la cause du vice de consentement, le vice de consentement est la cause qui produit la nullité, et cette nullité engendre la reprise de l'immeuble vendu. Ainsi donc, sous cette face nouvelle de la question, tous les éléments, à l'exception du dernier, qui ne peut être qu'un effet, jouent le rôle de cause entre eux. La nullité de la vente, en effet, est cause par rapport au droit de reprendre l'immeuble vendu, mais n'est qu'un objet relativement à la demande en nullité du contrat.

Il importe donc, en cette matière, de bien distinguer, entre les divers points de vue, les aspects différents sous lesquels elle peut se présenter, et qui font que le même élément peut être à la fois considéré comme cause et comme objet. C'est pour n'avoir pas approfondi cette idée qu'on en est venu à soutenir que l'objet immédiat du litige, suivi d'un objet médiat, était une cause de la demande; il fallait dire, pour être exact, que cet objet immédiat était cause par rapport à l'objet médiat, mais n'était qu'un simple objet relativement à la demande.

Pour résumer les principes que nous venons d'établir, nous dirons : la cause qui doit être identique dans les deux actions pour donner lieu à l'autorité de la chose jugée, c'est la réponse à cette question : Sur quoi repose immédiatement la prétention du demandeur? En d'autres termes, la cause véritable, c'est le principe directement et immédiatement générateur du rapport de droit en litige. Si des éléments multiples concourent à le former, il faut uniquement s'attacher à l'élément prochain, seule véritable cause, et non aux causes secondaires, aux causes de la cause. L'objet de la demande, c'est la réponse à cette question : Que demande le plaideur? *quid petitur?* c'est-à-dire ce à quoi tend directement et immédiatement la prétention du demandeur. Si, dans cette réponse, il y a des éléments multiples, il faut bien se garder de confondre l'élément direct et immédiat qui constitue l'objet avec la cause; cet objet est cause, il est vrai, si on le considère par rapport à l'objet médiat et plus éloigné, mais il ne saurait l'être relativement à la demande.

Il nous reste, pour compléter cette théorie, à présenter deux observations essentielles. En premier lieu, nous poserons en principe que, dans tous les cas où il n'y a pas identité de cause dans les deux litiges, où les bases des deux actions sont parfaitement distinctes, l'autorité de la chose jugée ne s'applique pas, malgré des analogies apparentes, et ce principe ne comporte aucune exception. Ainsi il se rapporte aussi bien aux actions réelles qu'aux actions personnelles, aux questions d'obligations. Après avoir succombé dans l'action en revendication du fonds Cornélien fondée sur un legs, on peut valablement exercer une revendication nouvelle du même fonds en la basant sur un autre legs contenu dans un testament différent, car le titre d'acquisition n'est pas le même dans les deux cas. Il est vrai qu'à Rome les choses se passaient autrement, mais cette singularité des lois romaines tenait au caractère formaliste de la procédure formulaire et à la rédaction des instructions écrites adressées par le magistrat au judex ; encore faut-il bien remarquer qu'à l'aide d'un artifice de procédure ingénieux d'une *præscriptio* insérée dans la formule, on parvenait au même résultat qu'aujourd'hui. Notre procédure moderne a rompu avec ces errements surannés ; il n'est nullement nécessaire maintenant d'employer de pareils détours, de recourir à toutes ces formes subtiles, et c'est dans l'exploit d'ajournement, c'est-à-dire dans l'acte introductif d'instance, que doivent se trouver formulés les moyens du demandeur, à peine de nullité, et dans ces moyens se trouve évidemment indiquée la cause du procès. Que si, par impossible, l'exploit d'ajournement était muet sur ce point, et que le défendeur n'en eût pas fait prononcer la nullité, il suffirait de l'indication donnée dans les motifs du jugement de la cause première, pour qu'une action nouvelle fondée sur une autre cause fût admissible.

Cette règle s'applique dans deux hypothèses différentes : d'abord, dans le cas où la cause du second litige n'existait pas encore à l'époque du premier; en second lieu, même dans le cas où les causes successivement invoquées auraient existé simultanément dès le premier procès. Dans la première hypothèse que nous venons d'énoncer, dans le cas où il y avait ce que les jurisconsultes romains appelaient une *causa superveniens*, l'application de cette règle ne souffre aucune difficulté. Le second cas est plus délicat, et il a suscité des controverses que nous devons examiner. Prenons une espèce empruntée à Toullier. Primus a vendu deux fois le même immeuble, une première fois au père de Secundus, plus tard à Secundus lui-même. Ce dernier, étant devenu peu de temps après héritier de son père, poursuit Primus en délivrance de l'immeuble vendu, en se basant sur la vente faite à lui-même, et sa demande est rejetée; plus tard, il intente une action nouvelle fondée sur la vente faite à son père : l'autorité de la chose jugée reçoit-elle son application dans ce cas? La négative n'est pas douteuse, à notre avis, car la question soulevée dans le second procès n'est pas identique à celle du premier, puisqu'il y a deux causes distinctes, et que, par conséquent, on ne rencontre pas là les éléments constitutifs de l'autorité de la chose jugée. Cette solution, qui nous semble si rationnelle et dériver si logiquement des principes mêmes de cette matière, a été cependant contestée, et Toullier prétend qu'il y a identité de cause dans les deux litiges, par le motif que, les droits et actions du père étant passés sur la tête du fils, et ne formant dès lors avec ses autres biens qu'un seul patrimoine, les deux actions qui tiraient leur origine des deux ventes n'en forment plus qu'une seule.

Telle est l'argumentation du célèbre jurisconsulte, et nous devons avouer qu'il est impossible de fausser plus étrangement les vrais principes du droit de succession. Le seul effet que puisse produire juridiquement l'acceptation de la succession du père par le fils se réduit à ce résultat que les deux actions, au lieu d'appartenir à deux personnes différentes, seront désormais au pouvoir d'une seule ; mais il y a loin de là à l'idée d'une absorption, d'une fusion de l'une dans l'autre pour ne former désormais qu'une seule et même action reposant sur une cause unique, et raisonner ainsi, c'est fausser toutes les règles de la logique. Après comme avant la succession, en effet, il y a toujours deux ventes ; la succession est impuissante à altérer ce fait des deux contrats passés avec le père et avec le fils : il y a donc, par conséquent, nécessairement deux causes distinctes dans les deux litiges, et dès lors les conditions exigées par la loi pour qu'il y ait lieu à l'autorité de la chose jugée ne peuvent pas forcément se rencontrer.

Les lumières du bon sens suffisent pour comprendre cette solution et pour faire rejeter la doctrine de Toullier, doctrine que l'on a peine à comprendre de la part d'un esprit si judicieux. Si, en effet, cette idée de fusion, d'absorption d'une action par l'autre était vraie, il faudrait en déduire évidemment cette conséquence directe, que si le père et le fils avaient payé tous les deux le prix de vente, et que le juge en vînt à prononcer la nullité du contrat, le fils, après l'acceptation de la succession de son père, ne pourrait réclamer le prix qu'une seule fois. Toullier reculerait sans doute devant un pareil résultat, qui n'est qu'une conséquence nécessaire de sa doctrine. La vérité sur ce point est que le fils, ayant réuni à ses droits les droits paternels, peut à lui seul exercer les droits que son père et lui auraient pu faire valoir chacun de leur côté, et par conséquent agir deux fois, dans notre espèce, en délivrance de l'immeuble vendu : d'abord en vertu de l'un des contrats, ensuite en vertu de l'autre, au cas où il succomberait dans sa première demande. Quelle fin de non-recevoir pourrait-on lui opposer dans le cas d'une nouvelle instance? Se baserait-on sur ce fait qu'il devait appuyer sa première demande sur les deux causes qui existaient concurremment en sa personne, et que son action doit être rejetée en vertu de la règle *Electa una via, non datur recursus ad alteram?* Ce serait appliquer à un cas pour lequel elle n'a pas été faite une maxime qui n'est d'ailleurs qu'un préjugé de la routine, et que l'on doit écarter de toute discussion véritablement juridique ; on est donc fatalement amené à conclure qu'aucune exception ne peut valablement faire repousser l'examen de l'action nouvelle.

Notre dernière observation sur cette matière, c'est que toutes les fois qu'il y a identité de cause dans les deux litiges, l'action nouvelle doit être rejetée, quoiqu'il y ait des différences apparentes entre les deux procès. Sur ce point, les lois romaines avaient des textes formels et très-précis. Ulpien, à cet égard, s'exprimait ainsi : « *Exceptio rei judicatæ obstat quotiens eadem quæstio inter easdem personas revocatur, vel alio genere judicii.* » Et il cite à l'appui le cas de la pétition d'hérédité. Le demandeur qui succombe dans une revendication d'un bien dépendant d'une hérédité, parce que le juge lui dénie la qualité d'héritier, sera repoussé plus tard s'il réclame un autre bien dépendant de la même succession, en vertu de l'autorité du premier jugement. Il semble cependant que rien ne devait faire obstacle au succès de l'action nouvelle, puisque le juge du procès primitif n'a pas eu à s'occuper de ce qui fait l'objet de la nouvelle demande. Mais la question ainsi posée n'est pas sur son terrain véritable, car en l'étudiant avec attention on voit que la question de droit véritable porte, dans les deux procès, sur l'existence de la qualité d'héritier en la personne du demandeur : il y a donc identité de cause dans les deux litiges, et le rejet de l'action primitive exerce nécessairement son influence sur la demande ultérieure.

Nous arrivons maintenant à l'examen de la troisième et dernière condition à laquelle est subordonnée l'autorité de la chose jugée : l'identité des parties.

§ III.

DE L'IDENTITÉ DES PARTIES.

(*Eadem conditio personarum.*)

Le troisième et dernier élément nécessaire pour constituer l'autorité de la chose jugée consiste dans l'identité des parties dans les deux litiges, *eadem conditio personarum*; il faut, en outre des deux conditions que nous venons d'examiner, que le débat, que l'instance nouvelle s'élève entre les mêmes personnes agissant en la même qualité. C'est qu'en effet la décision judiciaire qui fixe un rapport de droit litigieux est essentiellement personnelle et relative; elle ne fait pas *jus inter omnes*, mais seulement *jus inter partes*, et les plus hautes considérations d'intérêt social exigeaient qu'il en fût ainsi. Il ne saurait appartenir aux plaideurs de compromettre par négligence ou par collusion, peut-être, les droits légitimes des tiers étrangers au procès et qui n'y sont pas intervenus pour défendre, dans un débat contradictoire, leurs intérêts menacés. Que les parties intéressées dans l'instance judiciaire qui ont soutenu leurs droits et succombé dans la lutte doivent s'incliner devant la chose jugée et subir l'autorité de la sentence, il n'y a rien là que de conforme à l'équité et à la saine justice; mais qu'un jugement puisse préjudicier et porter atteinte aux droits des tiers, ce serait là la violation des règles primordiales qui protégent et garantissent les droits individuels.

Aussi les législateurs de tous les temps se sont-ils toujours inspirés de ces grands principes. A toutes les époques, chez tous les peuples civilisés, on a limité l'autorité d'un jugement aux parties intéressées au procès, et c'est à la législation romaine que nous emprunterons cet adage célèbre, qui peut être considéré comme la formule de toute cette matière : *Res inter alios judicata aliis neque nocere, neque prodesse potest.*

Deux conditions, d'après le texte de l'art. 1351, sont nécessaires à l'effet de constituer l'identité des parties : d'abord il faut que les parties soient les mêmes, c'est-à dire que ceux entre lesquels s'engage l'action nouvelle aient figuré dans le premier procès ; en outre, il faut que ces parties agissent en la même qualité qu'elles avaient dans le litige antérieur. Notre attention se portera d'abord sur cette dernière condition, de beaucoup la moins importante, et que nous nous hâterons d'examiner afin d'arriver à la première, sur laquelle nous donnerons des développements détaillés, en harmonie avec l'importance et les difficultés du sujet.

Cette condition dernière, que la demande soit formée par et contre les parties agissant en la même qualité, a trait à cette idée qu'il ne suffit pas d'une identité purement physique et tout extérieure entre les plaideurs ; il faut, en outre, qu'il y ait identité légale, identité juridique. Cette règle se rattache aux principes de représentation légale, en vertu desquels une personne peut, dans un litige, soutenir le rôle, le masque juridique d'une autre personne dont elle est le mandataire. Une espèce rendra très-facile l'intelligence de cette matière : Titius, par exemple, revendique le fonds Cornélien et succombe; plus tard, il revendique de nouveau le même fonds, mais cette fois non plus en son nom personnel, mais au nom de son pupille, *tutorio nomine*, comme son mandataire légal : on ne trouve pas là l'identité de personnes dans le sens de l'art. 1351. En effet, c'est bien la même personne extérieure, physique, qui figure individuellement dans les deux procès; mais, dans la seconde instance, elle n'agit qu'en qualité d'instrument, de lieutenant d'une autre, dont elle soutient le masque juridique, et légalement c'est le mineur qui est partie, qui joue le rôle de demandeur dans le litige.

De même, la diversité de qualités peut se rencontrer dans des hypothèses où la même personne agit en son nom propre; c'est ce qui a lieu lorsque, depuis un procès terminé, une des parties succède à un tiers étranger qui a des droits sur la chose qui a fait l'objet du premier litige; dans ce cas, on ne peut pas opposer l'autorité du jugement antérieur à l'action de l'héritier, car c'est en vertu de cette dernière qualité, du titre de représentant du *de cujus*, dont les droits lui ont été transmis et se sont réunis à son patrimoine, qu'il intente sa demande nouvelle : dès lors il n'y a plus en lui la même personne juridique que dans le premier procès.

Dans l'exemple que nous venons de citer, il faut bien remarquer que ce n'est que dans le cas où la qualité d'héritier dont on veut argumenter pour justifier l'action nouvelle est survenue postérieurement au premier jugement que l'on peut invoquer l'absence d'identité de personnes. Si, à l'époque du premier procès, le demandeur était déjà héritier de la personne dont il invoque plus tard les droits, l'autorité de la chose jugée s'appliquerait pour faire écarter la demande nouvelle. En vain, dans ce dernier cas, essayerait-on de soutenir que la personne n'a figuré dans un procès que *proprio nomine*, et dans l'autre procès en qualité d'héritier. En effet, dès l'époque du premier litige, les droits et actions du *de cujus* étaient confondus dans le patrimoine de l'héritier avec ses biens personnels; tous ces biens ne formaient, les uns et les autres, qu'une partie intégrante d'un seul et unique patrimoine appartenant à l'héritier également : toute action nouvelle intentée après le jugement par ce dernier ne pourrait donc l'être qu'en vertu de la même qualité. Il est vrai que cette qualité d'héritier n'a pas été invoquée dans le débat, et que, par conséquent, la décision du juge n'a pas porté sur ce point; mais cette circonstance n'empêche pas que cette qualité existât dès cette époque, et que c'est toujours, par conséquent, la même personne qui est partie dans les deux litiges.

Les principes relatifs à la représentation légale d'une personne par une autre dans le cas de mandat exprès ou tacite, ainsi que les règles du droit de succession, nous offrent en cette matière une extension de l'autorité de la chose jugée à des personnes étrangères en apparence au premier procès.

En premier lieu, dans le cas de mandat légal ou

conventionnel, il est hors de doute que des personnes qui physiquement ont été étrangères au procès sont néanmoins légalement considérées comme parties ; c'est-à-dire que, de même qu'il y a diversité juridique malgré l'identité physique, il se rencontre également des cas dans lesquels il y a identité juridique de personnes malgré la différence physique, extérieure des individus, et cela parce que ces personnes, physiquement étrangères au procès, y ont néanmoins été représentées. Ainsi, les mineurs, les interdits sont légalement représentés dans les procès où le tuteur agit et plaide en leur nom, et dès lors les effets de la chose jugée s'appliquent pour ou contre eux, car, au point de vue juridique, ils étaient véritablement parties au procès. Il en est de même, en ce qui concerne la femme mariée, pour les actions dont la loi confère l'exercice au mari. Les communes et les établissements publics sont également représentés par le maire et les autres administrateurs légaux; les Sociétés commerciales, par leurs gérants; l'héritier qui vient recueillir une succession vacante, par le curateur; l'absent, par l'envoyé en possession provisoire ou définitive; en un mot, tous les mandants sont parties au procès par l'organe de leurs représentants légaux ou conventionnels, et par conséquent les effets de la chose jugée doivent évidemment s'appliquer pour ou contre eux.

En ce qui concerne les créanciers chirographaires, les principes qui régissent leurs rapports avec le débiteur nous amènent logiquement à conclure qu'ils sont représentés par ce dernier dans les procès où il figure et plaide en son nom propre, même lorsque le litige est postérieur au titre de la créance ; et la raison en est facile à comprendre : les créanciers chirographaires, en effet, en n'exigeant aucune sûreté particulière pour protéger leur droit de créance, ont suivi la foi de leur débiteur ; leur garantie unique consiste dans un droit de gage général sur les biens tels quels, et ils ont conféré au débiteur le mandat tacite de les représenter dans toutes les aliénations ou les obligations qu'il pourra contracter à l'avenir relativement à ses biens, sous la seule et unique condition de ne pas agir par collusion avec les tiers, en fraude de leurs droits. Ainsi le principe général qui régit cette hypothèse est que le débiteur représente ses créanciers chirographaires en justice ; par conséquent, l'autorité de la chose jugée à l'encontre du débiteur a son effet pour ou contre ses créanciers chirographaires.

Quid juris en ce qui concerne les créanciers hypothécaires ? Cette question importante a suscité des controverses dans la doctrine, et, en abordant l'examen de ce point de droit, nous devons poser ainsi la question à résoudre : Le créancier hypothécaire est-il valablement représenté par le débiteur dans le procès soutenu par ce dernier, après l'inscription de l'hypothèque, relativement à l'immeuble hypothéqué ? A cet égard, nous n'hésitons pas à dire que le jugement rendu avec le débiteur est pour le créancier hypothécaire *res inter alios judicata*, et c'est ce que nous allons démontrer en réfutant les arguments par lesquels on a essayé de contester la légitimité de notre doctrine.

Il importe d'abord d'approfondir la nature et l'essence véritable du droit hypothécaire. L'hypothèque, envisagée sous le rapport de ses effets, est un droit réel, droit qui s'attache à la chose même qui en fait l'objet, *jus in re*, directement, immédiatement, et sans aucun intermédiaire. Pour bien le caractériser, nous pouvons dire que de même que, dans les contrats ordinaires, l'obligation qui en découle a pour effet d'enchaîner directement par un lien légal une personne à une autre, de même, dans le contrat spécial d'hypothèque, l'obligation s'attache directement à la chose et l'enchaîne au créancier. Dans le premier cas c'est une personne, dans le second une chose, *res*, qui est obligée, et dans ce dernier cas l'obligation est réelle. Sans doute, l'hypothèque n'est pas un démembrement véritable du droit de propriété, et c'est même là ce qui en fait l'avantage précieux : il n'y pas là, comme dans le cas d'un usufruit ou d'un droit d'usage, une fraction du *dominium* sur laquelle porte directement le droit du créancier hypothécaire ; la propriété, en un mot, n'est pas entamée, mais elle est liée, elle est directement asservie au créancier. L'immeuble n'est plus libre entre les mains du débiteur, et son droit de disposition est singulièrement gêné, entravé, si l'on songe que le droit du créancier hypothécaire contient le pouvoir conditionnel de faire vendre l'immeuble entre les mains du détenteur, quel qu'il soit, en sorte que l'hypothèque renferme un germe d'aliénation ; c'est un droit qui, selon une figure ingénieuse, contient l'aliénation *in cauda*.

Le créancier hypothécaire n'a pas, comme un simple créancier chirographaire, voulu se fier à la foi de son débiteur ; en bon père de famille, *bonus paterfamilias*, en administrateur prudent de son patrimoine, il a voulu avoir une sûreté spéciale pour garantir l'obligation contractée envers lui, et, à cet effet, il s'est fait consentir un droit d'hypothèque. Ce droit une fois constitué est désormais indépendant de la volonté et des agissements du débiteur ; c'est un bien qui est entré dans la fortune du créancier, et qui a droit à la même protection, à la même garantie que tous les autres droits, car il repose sur une base aussi légitime, le libre consentement des parties contractantes. Par sa nature intime, il est aussi inviolable que tout autre bien légitimement acquis ; par suite, les considérations puissantes d'intérêt social que nous avons invoquées plus haut pour légitimer le principe fondamental de toute cette matière : *Res inter alios judicata aliis neque nocere neque prodesse potest*, l'effet essentiellement relatif des jugements, doivent s'appliquer également à ce cas. Le droit légitime du créancier hypothécaire ne saurait être compromis par celui-là même contre lequel il a été dirigé, par le débiteur, qui n'est qu'un tiers par rapport au droit du créancier sur l'immeuble. Ce droit est direct, en effet, comme nous l'avons démontré plus haut ; il s'attache immédiatement à l'immeuble sans passer par aucun intermédiaire, à tel point qu'il s'exerce vis-à-vis de tout détenteur, quel qu'il soit : il est donc entièrement indépendant du débiteur, qui ne peut y porter aucune atteinte par les obligations qu'il pourrait contracter en vertu d'un contrat ou d'une décision judiciaire, car il y a dans un procès les éléments d'une obligation : *judiciis quasi contrahimus*. Cette obligation spéciale qui dérive du jugement rendu vis-à-vis du débiteur est *res inter alios acta* à l'égard du créancier hypothécaire : elle ne saurait donc lui préjudicier.

Une des objections principales opposées à cette solution est que le créancier hypothécaire n'est que l'ayant-cause du débiteur; mais une simple observation suffira pour la faire tomber : c'est que cette qualité d'ayant-cause s'applique à bien d'autres personnes pour lesquelles on n'a jamais admis de représentation de la part de leur auteur. Ainsi, le concessionnaire d'un droit d'usufruit ou d'usage, l'acheteur ou le donataire d'un immeuble, ne sont aussi que des ayants-cause; ils tiennent leurs droits de celui auquel ils succèdent immédiatement, et, par suite, ils sont obligés de respecter tous les agissements de leur auteur antérieurs à la concession de leurs droits ; mais leur droit une fois constitué est désormais entièrement indépendant de ses actes postérieurs.

Une autre raison décisive à l'appui de notre doctrine, c'est que le débiteur qui ne peut, et c'est là un point incontestable et incontesté, par les contrats qu'il ferait, obliger le créancier hypothécaire ni altérer en rien son droit, ne doit pas pouvoir davantage y préjudicier par un procès : il nous est impossible de trouver une différence entre les deux cas. On a essayé d'en indiquer une cependant; on a prétendu que la différence consiste en ce qu'un jugement est purement déclaratif et ne fait que constater des droits préexistants, tandis qu'un contrat crée des droits nouveaux ou les modifie, et que, par conséquent, quand un jugement décide que le débiteur n'est pas propriétaire, le droit du créancier hypothécaire tombe aussi en vertu de la règle *resoluto jure dantis, resolvitur et jus accipientis* : mais cette argumentation est essentiellement défectueuse. D'abord il est bien évident que cet effet déclaratif des jugements se produit également vis-à-vis de l'acquéreur d'un droit d'usufruit ou d'usage aussi bien qu'à l'égard du créancier hypothécaire ; de plus, il y a dans cette argumentation une pétition de principes que des jurisconsultes comme Merlin et Proudhon, qui s'appuient sur cette base pour soutenir leur système, auraient dû apercevoir, et qu'il est facile de dégager de leur raisonnement : n'est-ce pas, en effet, d'une logique étrange de vouloir appliquer l'effet d'un jugement pour anéantir un droit hypothécaire, quand la question est précisément de savoir si ce même jugement dont on veut argumenter est applicable au créancier hypothécaire ? C'est tourner dans un cercle vicieux manifeste que de chercher à résoudre ainsi la question par la question, et d'appliquer l'autorité de la chose jugée quand il s'agit de savoir s'il y a réellement *res judicata*.

C'est pour n'avoir pas assez approfondi la nature véritable et les caractères essentiels de l'hypothèque que les partisans de la doctrine adverse en sont venus à soutenir un système aussi erroné et aussi contraire aux véritables principes. Il est regrettable, en effet, qu'ils n'aient pas aperçu le lien intime d'analogie qui rattache cette hypothèse à celle où il s'agit d'un donataire ou d'un acheteur d'un droit d'usufruit ou de propriété. Le créancier hypothécaire, comme l'acheteur, comme le donataire, est un ayant-cause, et, comme tel, il est obligé de respecter les agissements de son auteur, qui ont précédé l'établissement de son droit. Mais, à partir de cette époque, ce droit, qui forme un bien dans son patrimoine, est désormais indépendant du débiteur, car c'est un droit réel, *jus in re*, auquel doivent logiquement s'appliquer les principes qui régissent tous les droits réels.

Voilà la théorie véritable de cette matière, et il importe d'autant plus de l'établir sous son vrai jour, que le système de Proudhon et de Merlin nous conduirait à des résultats souverainement iniques. Il n'aboutirait à rien moins qu'à assimiler, sur ce point, le créancier hypothécaire au créancier simplement chirographaire; le créancier qui s'est assuré un gage spécial et indépendant de son débiteur, à celui qui a suivi la foi de ce débiteur et s'est contenté d'un gage général sur les biens tels qu'ils se comporteront, en lui confiant le mandat tacite de les administrer à son gré, sous la seule réserve de ne pas agir frauduleusement : une pareille inconséquence achève de ruiner cette doctrine, si contraire à la logique véritable.

A défaut de fondement réel dans la loi, ce système a cherché à s'appuyer sur des raisons tirées de l'utilité et des avantages précieux qu'il présente dans la pratique, et ses défenseurs n'ont pas craint de dire qu'il serait absurde d'exiger que celui qui exerce une action en revendication contre le détenteur d'un immeuble hypothéqué mette en cause tous les créanciers hypothécaires, quelque nombreux qu'ils soient. Cet argument, à supposer qu'il fût fondé, ne prouverait qu'une chose : le besoin de changer la législation existante sur ce point, mais ne saurait jamais légitimer une violation d'autant plus funeste de la loi qu'elle serait pratiquée en connaissance de cause; mais cette idée elle-même d'une gêne, d'un embarras apporté dans la pratique par l'application de notre doctrine, est entièrement fausse, et la vérité est que c'est le système contraire qui offre des périls considérables, comme nous allons le démontrer.

N'est-il pas à craindre, en effet, que le propriétaire de l'immeuble hypothéqué, ruiné peut-être et complétement insolvable, dont, par conséquent, l'intérêt personnel n'est nullement engagé dans le débat, puisque, même dans l'hypothèse d'un jugement favorable, les fruits de cette victoire judiciaire doivent profiter aux créanciers, ne laisse juger, même en écartant toute idée de collusion et de mauvaise foi, mais par négligence et avec une indifférence qui s'explique naturellement par le manque d'intérêt, un procès dans lequel l'intérêt véritable est uniquement concentré en la personne des créanciers hypothécaires? Comment un tel jugement, rendu en dehors de la présence des véritables intéressés, et à leur insu peut-être, pourrait-il leur être opposé comme chose jugée à leur égard? Une pareille solution ne serait-elle pas pleine de dangers et capable de porter une atteinte funeste au crédit public? Ces conséquences redoutables n'achèvent-elles pas de ruiner complétement la doctrine qui les renferme? Le système que nous avons proposé, et qui refuse au jugement rendu vis-à-vis du débiteur le caractère de chose jugée à l'encontre des créanciers hypothécaires, est donc le seul juridique, et il renferme la théorie véritable de ce point de droit important.

Quid juris en cas de garantie? Dans le cas de garantie formelle, le jugement rendu à l'égard du garant a-t-il l'autorité de la chose jugée pour ou contre le garanti? Il ne faut pas hésiter à admettre sur ce point l'affirmative, et cette solution s'explique facilement: en effet, il y a lieu à cette espèce de garantie dans le cas où l'acheteur d'un immeuble est inquiété par un tiers qui se prétend propriétaire de cet immeuble. Dans l'instance organisée à ce sujet, le défendeur a le droit d'appeler en garantie son vendeur et de se faire mettre hors de cause, en laissant à ce dernier le soin de soutenir le procès dans lequel il est le seul véritable intéressé, par suite du recours en garantie qui appartient à l'acquéreur de l'immeuble litigieux, en cas d'éviction de la part du demandeur. L'effet du jugement rendu à l'encontre du garant doit évidemment s'étendre au garanti, car, en se faisant mettre hors de cause, ce dernier a tacitement constitué le garant son mandataire, et dès lors il était légalement représenté au procès.

Nous allons maintenant rencontrer des cas dans lesquels certaines classes de personnes sont représentées par d'autres dans les jugements qui leur sont favorables, et ne doivent plus être considérées que comme des tiers quand le jugement pourrait leur porter préjudice, en d'autres termes où la partie qui figurait au procès avait qualité pour rendre leur condition meilleure, mais non pour la rendre pire.

Ainsi, dans cet ordre d'idées, l'usufruitier peut invoquer les jugements rendus en faveur du nu-propriétaire relativement à la pleine propriété de l'immeuble soumis à son droit d'usufruit, et, réciproquement, le nu-propriétaire peut, de son côté, profiter également du jugement rendu en faveur de l'usufruitier relativement à la pleine propriété de l'immeuble, tandis qu'ils peuvent répudier comme *res inter alios acta*, chacun vis-à-vis l'un de l'autre, les jugements qui leur seraient nuisibles. Dans le cas, en effet, où le nu-propriétaire, par exemple, a triomphé sur la question de la propriété entière, l'usufruitier peut s'abriter derrière l'autorité de ce jugement contre une action nouvelle, et la partie adverse ne saurait s'en plaindre ; car, en acceptant le débat sur le terrain de la propriété entière, elle avait tacitement reconnu qualité au nu-propriétaire pour représenter l'usufruitier, et celui ci est libre de ratifier la gestion du nu-propriétaire; que si, au contraire, ce dernier avait succombé sur la question de la pleine propriété, le jugement ne serait plus que *res inter alios judicata* vis-à-vis de l'usufruitier, car ce dernier n'avait pas donné qualité au nu-propriétaire pour plaider en son nom relativement à son droit d'usufruit.

La même solution doit être donnée en ce qui concerne les rapports d'un propriétaire d'un immeuble sous condition résolutoire avec le propriétaire définitif.

De même dans les rapports d'un possesseur apparent d'un immeuble avec le propriétaire véritable.

De même encore quand il s'agit de copropriétaires indivis d'un immeuble relativement aux jugements rendus avec l'un d'eux sur la propriété de l'immeuble.

Nous donnerons la même solution en ce qui concerne les copropriétaires d'une servitude dans le cas d'action confessoire ou négatoire : si l'un des copropriétaires a triomphé dans un litige relatif à cette servitude, il a eu qualité pour représenter ses copropriétaires, qui sont libres de ratifier sa gestion ; mais ces derniers ne seraient plus que des tiers vis-à-vis de lui si le jugement était défavorable, et cela malgré le caractère d'indivisibilité des servitudes.

On a contesté, toutefois, la légitimité de cette solution. Toullier, par exemple, s'est appuyé sur l'autorité de Pothier pour soutenir que l'un des copropriétaires a qualité pour représenter ses copropriétaires aussi bien dans le cas de jugements défavorables que dans les autres, et cela en vertu de l'indivisibilité des servitudes. On a invoqué, à l'appui de cette doctrine, des lois romaines dont le sens est assez obscur, et qui, d'ailleurs, ne sauraient l'emporter sur les vrais principes juridiques. Or, il nous sera facile d'établir que ce système de Toullier s'est écarté de la vérité, et cela pour n'avoir pas suffisamment approfondi la théorie de l'indivisibilité et de ses effets juridiques. L'indivisibilité de l'objet d'un droit litigieux ne saurait, en effet, faire l'office d'un mandat véritable ; elle ne peut avoir à elle seule la puissance d'organiser une représentation légale des copropriétaires par un seul d'entre eux. Qu'importe, en effet, cette circonstance que l'objet du droit est indivisible ? Ce n'est là qu'une considération secondaire et accessoire dans la question qui nous occupe, et qui est celle de savoir s'il y a ou non représentation légale de personnes les unes par les autres. Or, sur ce point, Pothier, dont Toullier a invoqué si à tort l'autorité en faveur de son système, a nettement posé les principes véritables, et nous ne pouvons mieux faire que de le citer. Il enseigne formellement, à cet égard, que le jugement défavorable à l'un des copropriétaires se trouve, à cause de l'indivisibilité de l'objet, exécutoire forcément, par la nature même des choses, contre tous les copropriétaires indivis; mais il se hâte d'ajouter, ce qui est décisif, que ceux qui n'y ont pas figuré peuvent y former opposition en tiers, sans qu'ils aient besoin d'alléguer la collusion. Or, ceux qui ont été représentés dans un procès par un mandataire véritable ne peuvent former tierce opposition qu'autant qu'ils parviennent à prouver qu'il y a eu fraude de la part de leur mandataire; par conséquent, s'il n'est pas nécessaire en cette matière d'invoquer la fraude, la collusion, comme le dit textuellement Pothier, c'est que les copropriétaires n'ont pas été valablement représentés, et, par suite, le jugement est considéré à leur égard comme *res inter alios judicata*.

Cette doctrine de Pothier est la plus rationnelle; elle est conforme aux vrais principes juridiques, et nous y adhérons de tous points. Le seul effet que puisse véritablement produire l'indivisibilité de l'objet d'un procès, c'est que l'exécution du jugement rejaillit forcément sur les copropriétaires de celui qui a succombé dans le litige, qu'elle s'en poursuit en même temps contre eux; et c'est précisément parce que cette exécution leur préjudicie qu'on leur a donné le remède de la tierce opposition, ce que Pothier appelait l'opposition en tiers. La doctrine opposée tombe nécessairement en présence de cette argumentation, fondée sur les véritables caractères de l'indivisibilité. Il faut éviter soigneusement de confondre une dette indivisible avec une dette solidaire, ainsi que le disait judicieusement Dumoulin : *Longe aliud est plures teneri in solidum, et aliud obligationem esse individuam ;* et les règles des deux matières sont loin d'être identiques.

C'est pour avoir confondu des sujets si différents que Toullier en est venu à enseigner que le codébiteur d'une dette indivisible est représenté par son codébiteur dans le cas même où le jugement a été défavorable, par suite de ce principe, qu'il présente comme incontestable, que le jugement rendu contre un des codébiteurs solidaires, au profit du créancier, a l'autorité de la chose jugée contre tous ses codébiteurs. Mais, en admettant même l'identité de ces deux matières de l'indivisibilité et de la solidarité, nous ne saurions accepter cette règle que Toullier pose comme incontestable en matière de solidarité, à savoir, que chacun des codébiteurs est constitué le mandataire légal de tous les autres à l'effet de les représenter même dans les procès défavorables. Les vrais principes posés par le législateur au titre de la solidarité nous montrent qu'en cette matière, si les débiteurs solidaires sont constitués les représentants les uns des autres, c'est uniquement *ad conservandam* et non *ad augendam obligationem.* Il résulte donc logiquement de cette règle fondamentale qu'un seul des codébiteurs ne peut, par ses contrats ou quasi-contrats, et par conséquent par un procès, *judiciis quasi contrahimus*, augmenter l'obligation qui pèse sur tous ; en d'autres termes, le jugement rendu au profit d'un créancier contre un débiteur solidaire est *res inter alios judicata* vis-à-vis de ses codébiteurs.

Quid juris en cas de fidéjussion? la caution est-elle représentée par le débiteur principal, et réciproquement? Sur ce point, des controverses se sont élevées dans la doctrine parmi les jurisconsultes; ainsi, la plupart des auteurs admettent que le jugement rendu contre le débiteur principal sur une exception commune à tous deux est investi de l'autorité de la chose jugée contre la caution elle-même, et la jurisprudence incline fortement vers ce système.

Quant à nous, nous ne saurions nous ranger à cette opinion, et la solution que nous croyons la meilleure résulte *à fortiori* des principes que nous avons posés à l'égard des codébiteurs solidaires. Si, en effet, le jugement rendu contre un débiteur solidaire au profit du créancier est *res inter alios judicata* vis-à-vis de ses codébiteurs, à plus forte raison le jugement rendu contre le débiteur principal ne saurait être opposé à la caution, car le lien qui rattache la caution au créancier est bien moins rigoureux que celui qui lie les codébiteurs solidaires envers leur créancier. Le cautionnement, il est vrai, n'est qu'un accessoire, une dépendance de la dette principale; son existence se trouve intimement liée à celle-ci, et de là il résulte nécessairement que, toutes les fois que la dette elle-même est annulée ou diminuée, le cautionnement est également anéanti ou diminué, et par conséquent la caution peut invoquer les jugements rendus au profit du débiteur principal, sur une exception commune;

mais ce serait fausser toutes les règles de la logique que de vouloir conclure de là à cette conséquence, que ce qui est jugé contre le débiteur principal est par là même jugé contre la caution.

En effet, l'obligation de la caution, quoique formant une dépendance, un accessoire de l'obligation principale, n'en est pas moins très-distincte, et ne se confond nullement avec elle; et ce serait une erreur profonde de croire que l'obligation est identique dans les deux cas. Ainsi, quand la caution invoque les causes de nullité ou d'extinction de la dette principale, elle agit en son nom personnel, en s'appuyant sur ce fait que les causes de nullité ou d'extinction de la dette principale sont aussi des causes de nullité ou d'extinction de son obligation particulière et accessoire; c'est en vertu d'un droit qui lui est propre, *proprio nomine*, qu'elle agit alors, et cette circonstance que le même droit appartient aussi au débiteur est parfaitement indifférente : la caution ne saurait être considérée comme l'ayant-cause du débiteur principal, et la chose jugée contre ce dernier est *res inter alios judicata* à son égard.

Une autre question, également controversée en cette matière, est celle de savoir quelle est l'étendue de l'autorité de la chose jugée dans le cas de l'article 800. Cet article décide que le jugement par lequel un héritier s'est laissé condamner en qualité d'héritier pur et simple, et qu'il a laissé passer en force de chose jugée, lui enlève la faculté de se porter héritier bénéficiaire. M. Demolombe enseigne, sur ce point, que le jugement ne peut être invoqué que par les personnes qui étaient parties au procès ; nous nous rangeons entièrement à cette doctrine, et nous pensons que l'autorité de ce jugement ne peut pas être invoquée contre l'héritier par toutes personnes intéressées : on ne saurait dire qu'il y aurait là chose jugée en faveur de ces personnes qui étaient étrangères au procès, et, à cet égard, nous acceptons la doctrine de M. Demolombe, et nous différons sur ce point du système qui enseigne que le silence de l'héritier qui a laissé passer en force de chose jugée le jugement qui l'a condamné en qualité d'héritier pur et simple équivaut à un acquiescement tacite, à une acceptation pure et simple de la succession. Ainsi, il n'y a pas là, en réalité, d'exception aux règles ordinaires de l'autorité de la chose jugée ; l'autorité du jugement comme tel ne peut pas être invoquée par les personnes étrangères au litige, ni l'acquiescement tacite à ce jugement qui aurait définitivement imprimé la qualité d'héritier pur et simple au successeur, en considérant son silence comme un cas d'acceptation tacite de la succession.

Nous allons étudier maintenant l'extension de l'autorité de la chose jugée, dans le cas de succession, en ayant soin de distinguer les cas de succession universelle de ceux de succession particulière.

L'idée générale de succession se résume dans le fait juridique de la substitution d'un sujet à un autre dans la transmission des droits. L'élément caractéristique d'une telle transmission, c'est que la transformation qui s'opère est purement subjective et ne porte en aucune façon sur la chose qui fait l'objet du droit. Cet objet du droit reste identiquement le même, et la transmission qui s'effectue est directe, immédiate, sans *tractus temporis*, en un mot sans intermédiaire. Le fait juridique que nous désignons sous le nom de succession implique entre les deux droits un lien si intime, qu'il doit être envisagé, en réalité, comme un seul et même droit transmis directement d'une personne à une autre.

La succession, ainsi caractérisée, se divise en deux grandes classes : les successions à titre universel et les successions à titre particulier. La succession universelle se rapporte à un ensemble de biens et de droits considérés en masse, comme formant un tout abstrait, et les biens particuliers qui s'y trouvent compris n'y sont envisagés que comme des parties intégrantes de l'ensemble qui forme l'objet direct de la transmission. La succession à titre particulier, au contraire, a pour objet des choses déterminées, des objets considérés *ut singuli*, isolément les uns des autres, et tous envisagés distinctement.

Dans le cas de succession universelle, dont nous pouvons citer comme type la succession *ab intestat* ou testamentaire, l'extension de l'autorité de la chose jugée aux successeurs s'explique tout naturellement, et résulte forcément de la nature même des choses. En effet, en vertu de cette transmission, la personnalité juridique du *de cujus* s'est détachée de lui pour aller se poser sur la tête de l'héritier. Celui-ci est le continuateur direct et immédiat du défunt ; il porte son masque juridique ; il est le continuateur de sa personne : nous nous trouvons donc évidemment dans les conditions d'existence de l'identité des personnes, *eadem conditio personarum.* Et, par suite, l'autorité de la chose jugée s'applique, pour ou contre le successeur, relativement aux jugements rendus avec son auteur, car il ne constitue avec ce dernier, au point de vue juridique, qu'une seule et même personne.

Dans les successions à titre particulier, quand il s'agit, par exemple, d'un acheteur, d'un donataire, d'un légataire à titre particulier, les principes de la matière nous amènent à reconnaître, dans ces diverses classes de personnes, des ayants-cause de l'aliénateur auquel ils succèdent, comme tenant de lui directement leurs droits. Mais il faut bien remarquer que cette qualité d'ayant-cause, en vertu de laquelle ils doivent respecter les agissements de leur auteur, et, par conséquent, accepter l'autorité des jugements rendus pour ou contre lui, n'existe que pour les faits antérieurs à leur titre d'acquisition. Puisque c'est toujours le même objet après cette transmission juridique, il est logique d'en conclure que le successeur particulier doit le recevoir tel quel, avec les qualités qui constituaient son essence dans le patrimoine de l'auteur qui le transmet; mais, à partir de l'acquisition faite par ces divers ayants-cause, le droit ainsi constitué en leur personne fait désormais partie de leurs biens; il est définitivement sorti de la puissance de leur auteur, qui n'est plus qu'un tiers, auquel il ne saurait appartenir de compromettre des droits qui lui sont complétement étrangers, et, par conséquent, tout jugement relatif à ces mêmes biens rendu contre lui serait, à l'égard de son successeur, *res inter alios judicata.*

Passons maintenant à l'examen de ce qui concerne

les questions d'état, du *status*, de la condition des personnes. Ces questions importantes touchent aux droits les plus élevés et les plus précieux de l'homme, car elles se rapportent à la condition des personnes, considérées surtout au point de vue du droit de la famille, questions désignées à Rome sous le nom de *præjudicia*, questions préjudicielles, et parmi lesquelles nous allons étudier surtout celles qui se rattachent à la filiation des personnes. Ces questions peuvent, dans un débat judiciaire, se présenter sous deux aspects différents. Tantôt, en effet, les actions relatives à la filiation d'une personne sont intentées contre elle, et, dans ce cas, elles prennent le nom générique d'actions en contestation d'état, divisées elles-mêmes en trois classes : actions en désaveu, en contestation de légitimité, et actions en contestation d'état proprement dites. Tantôt ces actions sont intentées par la personne même dont la filiation est en cause, et, dans ce cas, elles s'appellent actions en réclamations d'état, comme constituant de la part du demandeur la revendication de l'état véritable qu'il prétend lui appartenir.

C'est à l'occasion de ces questions de filiation que s'est élevée une théorie en vertu de laquelle la chose jugée, en matière de questions d'état, serait soumise à des règles exceptionnelles et anomales. Ce caractère exceptionnel de l'autorité de la chose jugée en ce sujet repose, d'après les auteurs qui ont soutenu cette doctrine, sur un double fondement : d'abord, sur le principe d'indivisibilité de l'état des personnes ; en second lieu, sur la présence des contradicteurs légitimes, du *justus contradictor*, et cette dernière condition peut se formuler ainsi : lorsque, dans un débat contradictoire, en l'absence de toute collusion de la part des parties, la question de filiation a été décidée par le juge avec le légitime représentant, cette question est définitivement épuisée, le jugement fixe irrévocablement le rapport de droit litigieux ; en un mot, le jugement, au lieu de faire seulement *jus inter partes*, a une puissance suffisante pour faire *jus inter omnes*, par une dérogation remarquable aux principes de droit commun qui régissent l'autorité de la chose jugée, et en vertu d'une extension *sui generis* de ses effets. En règle générale, l'autorité de la chose jugée s'étend non-seulement aux parties qui ont figuré individuellement dans l'instance, mais aussi aux personnes qui y ont été légalement représentées ; dès lors cette théorie des contradicteurs légitimes, des légitimes représentants, semblerait conforme aux principes ordinaires de cette matière ; mais il n'en est rien, et les partisans de cette doctrine la présentent comme formant exception aux principes de droit commun.

Nous allons examiner, sous le double point de vue auquel on l'a présentée, cette doctrine, qui, nous devons l'avouer, a pour elle l'autorité d'un grand nombre de jurisconsultes, et qui d'ailleurs est consacrée par les traditions les plus respectables ; et nous montrerons qu'elle est entièrement erronée, en faisant tomber le double fondement sur lequel on a voulu l'étayer : 1° l'indivisibilité de l'état des personnes ; 2° une sorte de mandat légal, en vertu duquel certaines personnes sont constituées les représentants légitimes de tous les intéressés.

1° En premier lieu, en ce qui concerne l'indivisibilité de l'état des personnes, il nous sera facile de prouver le vice, l'erreur profonde de cette doctrine. En effet, en le considérant à un point de vue abstrait, l'état d'une personne, *status*, est indivisible, assurément; la filiation est un fait absolu, qui ne saurait évidemment être scindé, on est fils d'un tel ou on ne l'est pas. Cette solution est l'évidence même; mais, quand on l'examine au point de vue juridique, la question change de face, et c'est pour ne pas l'avoir posée sur le terrain véritable qui lui convient que nos adversaires sont tombés dans l'erreur. Ils ont perdu de vue le principe fondamental qui domine toute cette matière, à savoir, que la vérité judiciaire est essentiellement relative. *Res inter alios judicata aliis neque nocere, neque prodesse potest.* Tout fait quelconque, considéré abstractivement, est absolu et indivisible : il est ou il n'est pas, sous le rapport de la vérité philosophique. Mais, en droit, nous sommes en présence d'un autre ordre de principes : ce qui constitue véritablement l'indivisibilité juridique, ce n'est pas la cause du droit, c'est son objet, le *quid petitur;* et, toutes les fois que la matière elle-même, l'objet, est divisible, l'autorité de la chose jugée est toute relative; elle ne s'applique qu'*inter partes*. Si l'indivisibilité de l'objet du droit fait exception à cette règle, c'est en ce sens qu'il y a une impossibilité d'exécution matérielle de la décision judiciaire; cette impossibilité écartée, la règle reprend son empire, et comme, en notre matière, les effets de la filiation, qui consistent en intérêts pécuniaires, sont choses parfaitement divisibles, la chose jugée à cet égard rentre nécessairement dans les limites de la règle générale que nous venons d'établir.

Cette doctrine de l'indivisibilité tombe donc en présence de cette argumentation, et d'ailleurs elle est démentie par les textes mêmes du Code Napoléon : les articles 54 et 100 en contiennent la condamnation formelle. Aussi ce n'est pas sur cette base qu'on a cherché à établir principalement cette théorie ; la base fondamentale sur laquelle on l'a élevée repose sur l'idée d'une représentation légitime des parties intéressées par un contradicteur, mandataire légal à l'effet de les représenter au procès. Nous avons formulé plus haut les principes auxquels est subordonnée l'existence de ce mandat légal ; ils se résument en ces trois conditions : 1° la présence du *justus contradictor*, du légitime représentant ; 2° un débat contradictoire ; 3° l'absence de toute collusion entre les parties. Quand ces éléments sont réunis dans un débat relatif à une question de filiation, le jugement qui intervient à cet égard fait *jus inter omnes* : telle est la doctrine dont nous nous proposons de critiquer la légitimité.

En premier lieu, pour pouvoir se faire une idée exacte de l'étendue de cette théorie, il faudrait être bien fixé sur le sens de cette expression : « contradicteurs légitimes ; » or, ce premier point est très-incertain. D'Argentré, par exemple, enseigne à cet égard que le contradicteur légitime est celui qui a le premier et le principal intérêt ; celui auquel appartient le primitif et proche intérêt ; mais cette explication n'est pas très-nette, cette prémisse fondamentale est établie d'une manière très-vague, et c'est là un des vices principaux de toute cette théorie.

Pour approfondir la question, nous examinerons l'action en réclamation d'état dans les trois hypothèses différentes qu'elle peut présenter dans la pratique : 1° du vivant de l'homme et de la femme dont le réclamant soutient qu'il est l'enfant; 2° après la mort de l'un d'eux; 3° après le décès de l'un et de l'autre. Voyons, d'après cette doctrine, quels sont les légitimes contradicteurs dans chacun de ces cas.

1° Les père et mère sont vivants tous les deux. — On est généralement d'avis que l'un d'eux n'a pas qualité pour représenter l'autre : par conséquent, tous les deux doivent être mis en cause ; sinon la chose jugée à l'égard de l'un d'entre eux sera *res inter alios acta* vis-à-vis de l'autre. Maintenant le mari représente-t-il la ligne paternelle? la femme, la ligne maternelle? La question est controversée, les uns enseignant l'affirmative, les autres soutenant que les enfants déjà nés du mari et de la femme ne sont pas représentés par leurs père et mère.

2° Après la mort de l'un des deux époux, il est également reconnu que le survivant ne représente pas la ligne de son conjoint prédécédé. — Mais quels sont alors les contradicteurs légitimes? Du côté de l'époux survivant, il semblerait logique d'appliquer les règles du cas précédent ; mais il n'en est pas ainsi, d'après les partisans de ce système, qui enseignent que s'il existe des enfants vivants, issus d'un précédent mariage de l'un des deux époux, ou du même mariage si l'un des deux est mort, les enfants doivent être mis en cause. En ce qui concerne la famille de l'époux prédécédé, ce sont les plus proches qui doivent être considérés comme les contradicteurs légitimes, et dès lors ils auront valablement représenté les plus éloignés.

3° Enfin, dans la troisième hypothèse, on applique aux deux lignes la règle posée dans le cas précédent relativement aux parents de l'époux prédécédé. — Les bases de cette théorie ainsi posées, nous devons examiner par quels moyens on a cherché à la justifier. A cet égard, on a voulu argumenter de quelques lois romaines relatives à des questions d'état; deux textes principaux ont été surtout invoqués à cet égard, dans lesquels on a cru trouver une extension extraordinaire des effets de la chose jugée. Cette doctrine, ajoute-t-on, enseignée dans notre droit ancien, a été conservée dans notre législation moderne, par suite du silence des rédacteurs du Code, et d'ailleurs elle est conforme aux principes.

Vinnius, à cet égard, est très-explicite ; il s'exprime ainsi : « *In causa status sufficit pronuntiatum esse, legitimo contradictore præsente, de re principali, ut valeat sententia inter omnes in iis quæ status secum affert et independent.* » Et, en effet, quand le mari et la femme ont été tous les deux en cause, n'est-il pas rationnel de conclure que la chose jugée à leur égard forme la loi de toute la famille? L'objet du débat roule sur ce point : le réclamant est-il l'enfant du mari et de la femme? Il suffit donc que cette question ait été décidée avec le légitime représentant de l'intérêt qu'elle concerne, pour que la chose jugée produise ensuite ses conséquences.

Du reste, ce qui prévient l'iniquité de ce système, c'est que les autres parents, s'ils peuvent prouver que le jugement est le résultat d'une collusion frauduleuse, ont le droit de former tierce opposition contre lui. Il faut aussi que le débat ait été contradictoire : un jugement par défaut contre le représentant légitime ne suffirait pas. « Il faut que telle sentence soit donnée parties ouïes et non par contumace, ni aussi par intelligence et collusion, » dit formellement d'Argentré. Ainsi, quand toutes ces conditions sont réunies, le jugement est irrévocable. Comment, en effet, admettre que la réclamation d'état ainsi jugée à l'égard du mari et de la femme puisse être débattue avec d'autres ? En cas de décès du mari et de la femme, les plus proches parents doivent également représenter les autres au procès, car ils avaient seuls un intérêt né et actuel : ils se trouvaient donc tout naturellement les premiers chargés de défendre à la demande dirigée contre la famille. Autrement, où s'arrêter ? à quel moment arriver à une décision définitive et immuable? Il faudrait donc mettre en cause tous les membres de la famille ? mais il y aurait une impossibilité matérielle évidente pour ceux qui ne seraient pas encore nés à l'époque du litige. Cette doctrine est donc conforme à l'intérêt de la société, qui exige impérieusement que l'état des familles ne reste pas indéfiniment incertain.

Telle est en substance l'argumentation des auteurs qui ont soutenu ce système ; malgré l'autorité de ces motifs, nous ne croyons pas devoir l'adopter. Mais d'abord il importe de bien s'entendre et de distinguer entre les jugements constitutifs de l'état des personnes et les jugements purement déclaratifs. Les premiers sont évidemment investis, envers et contre tous, de l'autorité de la chose jugée, lorsqu'ils ont changé ou modifié pour l'avenir l'état d'une personne. C'est là, en effet, un acte de la puissance publique, de tutelle et de haute protection, qui produit un changement absolu dans les conditions des personnes, dans leur *status* antérieur : ainsi, par exemple, dans le cas d'interdiction ou d'émancipation, ou enfin de séparation de corps. Aussi ces jugements, en général, sont soumis à des formalités de publicité destinées à garantir les tiers, afin de prévenir toute surprise de leur part. Mais quand il s'agit de jugements purement déclaratifs, qui ne font que constater des droits préexistants, il nous est impossible d'admettre comme conforme aux vrais principes juridiques une dérogation aux règles de droit commun sur l'étendue de l'autorité des jugements en cette matière ; et, pour prouver la légitimité de notre assertion, nous allons réfuter successivement les trois ordres d'arguments sur lesquels repose cette théorie toute entière.

Remontons aux principes. Le texte de l'art. 1351, qui forme le siége véritable de la matière, la base unique de toute cette théorie de la chose jugée, exige formellement, pour qu'il y ait lieu à l'exception de la chose jugée, que la demande nouvelle soit formée entre les mêmes parties, et formée par elles et contre elles en la même qualité : tel est le principe fondamental, et notre Code nous en fournit une application à cette matière elle-même des questions d'état dans l'art. 100. Cet article, il est vrai, est relatif aux jugements de rectification des actes de l'état civil; mais c'est par un argument *a fortiori* qu'il faut en étendre la portée aux jugements d'une importance bien autrement considérable qui prononcent sur l'état même, le *status* des personnes. Ainsi, à supposer que la doctrine même des lois romaines admît sur ce point des règles exceptionnelles, il faudrait en rejeter l'application à notre droit, en présence des textes si formels de notre Code civil.

Mais il n'est même pas vrai que les lois romaines renfermassent les exceptions qu'on a cru y reconnaître, et c'est ce que nous allons démontrer.

Ainsi la loi, qui décide que la sentence du juge fait droit : *placet enim ejus rei judicem jus facere* (1) est relative à une action en désaveu formée par le mari contre l'enfant conçu par sa femme. Or, ce sont les règles exceptionnelles de cette matière du désaveu, et non une prétendue extension extraordinaire des effets de la chose jugée, qui amènent le résultat exceptionnel constaté par cette loi, et il est facile de s'en convaincre.

En cette matière, en effet, le législateur, par des considérations de l'ordre le plus élevé, pour consolider les fondements de l'ordre social, a créé une présomption protectrice de la famille légitime, la présomption *pater is est quem justæ nuptiæ demonstrant*, ainsi formulée dans l'art. 312 de notre Code : « L'enfant conçu pendant le mariage a pour père le mari. » C'est là une présomption qui, tant qu'elle est debout, constitue l'état de l'enfant et le protége envers et contre tous. Elle n'est pas inattaquable cependant; mais le législa-

(1) L. 3, D., *De agnoscendis et alendis liberis.*

teur, par des motifs d'une sagesse incontestable, a voulu que le débat sur ce point fût restreint entre le mari ou ses héritiers d'une part, et d'autre part l'enfant ou ses héritiers, seuls députés de la loi, comme le dit Proudhon, pour débattre la question de désaveu. De ces prémisses fondamentales, nous sommes donc nécessairement conduits à conclure que le jugement qui admet ou rejette le désaveu formé par le mari ou par ses héritiers contre l'enfant ou ses héritiers est investi de l'autorité de la chose jugée envers et contre tous, *jus facit inter omnes*, et, pour conclure ainsi, nous n'avons nullement besoin d'invoquer une prétendue extension extraordinaire de l'autorité de la chose jugée qui n'existe pas. Il n'y a là qu'une application des règles exceptionnelles de la matière du désaveu.

Tout autres sont les principes qui régissent la matière de la réclamation d'état. Contre une action en réclamation d'état, en effet, toute personne intéressée a qualité pour se défendre en son nom et pour son propre compte. En vain objecte-t-on que le père et la mère, de leur vivant, et après eux les parents les plus proches, sont les légitimes représentants de la famille toute entière : ce mandat légal n'est écrit nulle part, et nous mettons nos adversaires au défi de citer un seul texte qui le renferme ; et d'ailleurs cette idée de représentation des autres parents par le père et la mère est contraire aux vrais principes juridiques.

D'après ces principes, pour qu'une personne ait été valablement représentée par une autre dans un procès, il faut que cette personne tienne immédiatement ses droits de la partie même qui a individuellement figuré dans l'instance; qu'elle soit l'ayant-cause de cette dernière; obligée, par suite, de respecter ses agissements, quels qu'ils soient. Or, trouvons-nous ces caractères en cette matière, par exemple en ce qui concerne un enfant dans un procès en réclamation d'état soutenu par ses père et mère? A cet égard, il y a une distinction à faire. Nous dirons oui quand il s'agit de la succession des père et mère eux-mêmes, à laquelle l'enfant ne peut prétendre qu'en qualité de successeur; mais la négative est certaine en tant qu'il s'agit de toute autre succession, de ses droits de famille surtout, qu'il tient directement de la loi elle-même, qui lui appartiennent *proprio nomine*, et que les père et mère ne sauraient compromettre par leur négligence. Le père et la mère devraient être considérés comme représentants légitimes des enfants si ces derniers n'avaient pas qualité pour agir en leur propre nom, et défendre par eux-mêmes à une réclamation d'état; mais cette idée est inadmissible. En effet, si un legs, par exemple, a été fait aux enfants de Primus et de Secunda, et qu'une personne se présente pour partager le legs avec les deux enfants issus de ce mariage, pourrait-on refuser à ces enfants le droit de défendre à la réclamation d'état? Il est vrai que le père et la mère devront être mis en cause, mais le procès n'en sera pas moins bien engagé, et, à supposer même que le père et la mère n'auraient pas été mis en cause, la chose sera bien jugée avec les enfants, ce qui prouve qu'ils ont qualité pour figurer par eux-mêmes au procès. De même, nous ne saurions admettre que les parents les plus éloignés soient représentés par les plus proches, car ce n'est pas évidemment de ces derniers qu'ils tiennent leurs droits de famille. De même enfin, les parents qui n'étaient pas nés à l'époque du litige n'auront pas été valablement représentés par les parents qui existaient alors.

Telle est la doctrine que nous croyons la plus conforme aux principes véritables ; elle renferme des inconvénients, sans doute, et nous ne chercherons pas à en dissimuler la gravité ; mais c'est là la conséquence fatale du principe de la relativité des jugements, c'est-à-dire du principe fondamental de cette matière. La fiction de vérité d'un jugement est essentiellement personnelle et relative ; elle constitue *jus inter partes*, et à côté des résultats fâcheux qu'elle peut amener, il ne faut pas oublier de placer l'immense avantage d'une règle qui forme la garantie la plus puissante des droits individuels.

POSITIONS.

DROIT ROMAIN.

I. La décision du magistrat jugeant *extra ordinem* est investie de l'autorité de la chose jugée.

II. Les causes diverses qui peuvent servir de fondement à une même action réelle peuvent être invoquées par le demandeur dans des procès différents, au moyen de la clause connue sous le nom de *causa adjecta*.

III. Cette clause est réalisée dans la procédure par une *præscriptio* insérée dans la formule.

IV. Le jugement relatif à un tout étend son autorité à chacune des parties de ce tout.

V. Il n'y a pas d'extension extraordinaire des effets de la chose jugée en matière de questions d'état (*status*).

DROIT FRANÇAIS.

CODE NAPOLÉON.

I. Il y a chose jugée dans le cas d'un jugement contradictoire ou par défaut susceptible d'appel ou d'opposition.

II. L'art. 800 ne renferme aucune dérogation à l'art. 1351 du Code Napoléon.

III. La décision relative au tout étend son autorité à chacune des parties de ce tout.

IV. L'existence simultanée de deux causes différentes d'une action en la personne du demandeur ne fait pas obstacle, après le rejet d'une demande basée sur une de ces causes, à l'admission d'une demande nouvelle fondée sur l'autre cause.

V. La chose jugée avec le débiteur est *res inter alios acta* à l'égard des créanciers hypothécaires.

VI. La chose jugée contre un propriétaire indivis d'un immeuble, relativement à un droit de servitude, est *res inter alios acta* vis-à-vis de ses copropriétaires.

VII. De même en ce qui concerne le jugement rendu contre un des débiteurs solidaires vis-à-vis de ses codébiteurs.

VIII. De même en ce qui concerne la caution relativement aux jugements rendus contre le débiteur principal.

IX. Il n'y a pas de dérogation au droit commun en matière de réclamation d'état.

X. Il n'y a pas antinomie entre l'art. 1351 du Code Napoléon et l'art. 474 du Code de procédure.

CODE DE PROCÉDURE.

I. Le jugement rendu au possessoire n'a aucune influence sur la demande au pétitoire.

II. La complainte et la réintégrande sont deux actions possessoires bien distinctes l'une de l'autre.

III. L'interlocutoire lie le juge.

CODE DE COMMERCE.

Le jugement d'homologation d'un concordat a le caractère de chose jugée.

DROIT CRIMINEL.

I. La prétention soulevée devant la juridiction civile doit être rejetée toutes les fois qu'elle est inconciliable avec la décision émanée des juges criminels.

II. L'autorité de la chose jugée a lieu, en droit pénal, à l'égard de ce qui a fait et de ce qui aurait dû faire l'objet du jugement.

DROIT ADMINISTRATIF.

Les décisions rendues par les tribunaux administratifs ont l'autorité de la chose jugée.

Vu par le doyen, président de l'acte public,

O. BOURBEAU.

Vu :

PERMIS D'IMPRIMER :

Le Recteur,

A. MAGIN.

Les visas exigés par les règlements sont une garantie des principes et des opinions relatives à la religion, à l'ordre public et aux bonnes mœurs (statut du 9 avril 1825, art. 41), mais non des opinions purement juridiques, dont la responsabilité est laissée au candidat.

Le candidat répondra en outre aux questions qui lui seront faites sur les autres matières de l'enseignement.

Poitiers. — Typ. de A. Dupré.

POITIERS. — TYP. A. DUPRÉ.

www.ingramcontent.com/pod-product-compliance
Lightning Source LLC
Chambersburg PA
CBHW072343200326
41519CB00015B/3638
* 9 7 8 2 0 1 9 5 8 3 8 7 3 *